OETINGER TASCHENBUCH

MIX
Papier aus verantwortungsvollen Quellen
FSC® C014496
FSC
www.fsc.org

4. Auflage 2016
Oetinger Taschenbuch in der Verlag Friedrich Oetinger GmbH,
Poppenbütteler Chaussee 53, 22397 Hamburg
Januar 2013

Titelbild und Illustrationen: Wilfried Gebhard
Druck: GGP Media GmbH,
Karl-Marx-Straße 24, 07381 Pößneck, Deutschland
ISBN 978-3-8415-0196-7

www.oetinger-taschenbuch.de

Die schönsten griechischen Sagen

Neu erzählt von Dimiter Inkiow
Mit Illustrationen von Wilfried Gebhard

Oetinger Taschenbuch

Inhalt

Diese Geschichten haben sich vor vielen, vielen Jahren zugetragen. Vor tausenden von Jahren. Am Anfang hat man sie nur erzählt. Erst später wurden sie aufgeschrieben. Sie sind der Grundstein unserer abendländischen Kultur.
Sie stammen aus der Zeit, als auf dem griechischen Berg Olymp noch Götter lebten.
Heute leben auf dem Olymp keine Götter mehr. Vielleicht haben die Flugzeuge sie verjagt.
Damals, zur Zeit der alten Griechen, gab es noch keine Flugzeuge. Auch keine Raketen.
Die Götter hatten auf dem Gipfel des Olymp ihre göttliche Ruhe.

Die Welt der alten griechischen Götter

Die alten Griechen glaubten, dass drei Götter, die Brüder Zeus, Poseidon und Hades, vor Millionen von Jahren die Welt unter sich aufgeteilt hatten. Dies geschah, nachdem sie ihren Vater, den bösen Urgott Kronos, in einem erbitterten Kampf besiegt hatten.
Hades wurde der Gott der Unterwelt und der toten Seelen. Poseidon herrschte über alle Meere und Gewässer. Zeus wurde Hauptgott. Er war der Herrscher über die Erde, den Himmel und den finsteren Tartaros, einen tiefen, schwarzen Abgrund unter der Erde. Dort sperrte Zeus seine Widersacher ein.
Es gab noch sehr viele andere Götter.
Auch Berge oder Flüsse, wie der Fluss Skamandros, der nicht weit von Troja floss, waren gleichzeitig Götter. Es gab auch Halbgötter, die wie Fabelwesen aussahen, Kentauren und Satyrn, die halb Mensch und halb Tier waren. In den erdumschließenden Ozeanen herrschten Meeresgöttinnen, die man Okeaniden nannte. In den Gebirgsbächen lebten ewig junge und schöne Frauen – Nymphen.
Die mächtigsten Götter lebten auf dem Berg Olymp.
Sie wohnten in goldenen Palästen, die Hephaistos, der Gott der Schmiedekünste, ihnen gebaut hatte.

An goldenen Tischen aßen die Götter von goldenem Geschirr die göttlichen Speisen Nektar und Ambrosia, die sie ewig jung und unsterblich machten.
Über sie alle herrschte Zeus. Er war ein Wettergott. Seine schrecklichsten Waffen waren Donnerkeile und Blitze. Die Wunden, die sie verursachten, konnten selbst bei Göttern zehn Jahre lang nicht heilen.
Die zwölf wichtigsten Götter waren Zeus' Berater. Sie bildeten den Rat der Götter. Fast alle waren Zeus' Kinder oder seine Brüder und Schwestern. Jeder Gott und jede Göttin hatte eine göttliche Aufgabe.
Die schöne Demeter war die Göttin der Fruchtbarkeit. Sie kümmerte sich darum, dass alles wuchs und gedieh, dass die Bäume Früchte trugen und die Kühe Kälber bekamen. Hermes, der Gott der Diebe, des Handels und der Reisenden, war Zeus' treuer Bote. Er besaß geflügelte goldene Sandalen und konnte in Sekundenschnelle die ganze Welt bereisen.

Es gab noch andere wichtige Götter, die sehr mächtig waren, obwohl sie nicht im Rat der Götter saßen.
Helios, der Sonnengott, war einer von ihnen. Er hatte die Aufgabe, die Welt zu erhellen. Jeden Tag zog er in seinem goldenen Wagen die Sonne über den Himmel. Er sah von dort oben alles, was auf der Erde und dem Olymp geschah.
Ein sehr wichtiger Gott war auch Eros, der Gott der ewigen Liebe. Mit seinen goldenen Flügeln flog er unsichtbar zwischen den Wolken am Himmel umher. An der Schulter trug er einen goldenen Köcher voller goldener und bleierner Pfeile. Die goldenen Pfeile waren die Pfeile der Liebe, die bleiernen die Pfeile des Hasses.

Seine Aufgabe war es, Liebe zwischen den Göttern und unter den Menschen zu verbreiten. Er schoss seine Pfeile mit einem kleinen goldenen Bogen ab. Die Pfeile hatten eine Zauberwirkung. Derjenige, der von einem goldenen Pfeil getroffen wurde, verliebte sich in den erstbesten Menschen, den er sah.
Das ist der Grund, warum Männer sich manchmal in Frauen verlieben, die überhaupt nicht zu ihnen passen, oder auch umgekehrt. Und darum gibt es das Sprichwort: »Liebe macht blind!«
Nur bei drei Göttinnen wirkte dieser Zauber nicht: bei Pallas Athene, der Göttin der Weisheit und des Sieges; bei Hera, der Göttin der Familie, und bei der Jagdgöttin Artemis.
Über alle anderen Lebewesen hatte Eros dank seiner Pfeile große Macht.

Nicht nur die alten Griechen verehrten und beteten zu den Göttern des Olymp. Das taten auch die alten Römer. Aber die Römer gaben den griechischen Göttern lateinische Namen. Den Liebesgott Eros nannten sie Amor und Helios, den Sonnengott, Sol.

Zeus und der Rat der Götter

Zeus war der Hauptgott. Die Römer nannten ihn Jupiter. Er herrschte über die Erde, den Himmel und den finsteren Tartaros. Er war ein Wettergott. Man nannte ihn »den Wolkenversammler«, »den Donnernden« und »den Vorausplanenden«.

Alle Götter fürchteten seine Wutausbrüche. Sein Lieblingsvogel war der Adler.

Im Rat der Götter saßen:

HERA, sie war Zeus' dritte Ehefrau. Die Römer nannten sie Juno. Sie war die Göttin und die Beschützerin der Familie. Zwei riesengroße Schlangen – Pythons – waren ihre Dienerinnen.

POSEIDON, ein Bruder des Zeus. Die Römer nannten ihn Neptun. Er war einer der mächtigsten Götter, gefürchtet wegen seines Zorns. Er herrschte über alle Gewässer und lebte in der Tiefe des Meeres in einem prächtigen goldenen Palast.
In seinem Streitwagen, von drei schwarzen Rossen gezogen, den Dreizack drohend in der Hand, durchkreuzte er die Meere, schnell wie der Wind. So haben ihn viele Kunstmaler abgebildet. Man nannte ihn »den Erderschütterer«.

HADES, auch er ein Bruder des Zeus. Die Römer nannten ihn Pluto. Er herrschte über die Unterwelt, die nach ihm benannt war, und über die toten Seelen.

ATHENE, auch Pallas Athene genannt, war die Lieblingstochter des Zeus. Sie war die Göttin der Weisheit, des Sieges und der schönen Künste. Ihr Lieblingsvogel war die Eule. Deshalb glaubt man bis heute, dass die Eule ein sehr kluger Vogel ist. Die Römer nannten sie Minerva.

APHRODITE war die Göttin der Liebe. Die Römer nannten sie Venus. Sie schenkte den Menschen Liebe, Schönheit und Fruchtbarkeit. Man sagte, dass sie im Meeresschaum geboren sei.

ARES war der einzige Sohn von Zeus und Hera. Er war der Gott des Krieges. Die Römer nannten ihn Mars.

HEPHAISTOS war Heras Sohn. Er war vaterlos. Die Römer nannten ihn Vulcanus. Er war der Gott des Feuers und der Schmiedekünste und baute für die Götter die goldenen Paläste auf dem Olymp.

APOLLON, ein Sohn des Zeus und der Titanin Leto. Er war der Gott des Bogenschießens, der schönen Künste und der Weissagung. Er war der Gott, der alles wusste. Er sah so wunderschön aus, dass man noch heute beim Anblick eines schönen Mannes sagt: »So schön wie Apollon!«

ARTEMIS war die Zwillingsschwester des Apollon. Sie war die Göttin der Jagd, aber gleichzeitig auch die Beschützerin der wilden Tiere. Die Römer nannten sie Diana.

HERMES war Zeus' Sohn von der Nymphe Maia, eine Tochter des Titanen Atlas. Er war der Gott der Diebe, des Handels, der Reisenden und der Kaufleute. Zeus diente er als Bote, weil er in Windeseile jeden Winkel der Welt erreichen konnte. Er trug goldene geflügelte Sandalen. Die Römer nannten ihn Merkur.

DEMETER, eine Schwester des Zeus. Sie war die größte Erdgöttin. Ihr Name bedeutet »Mutter Erde«. Sie war die Göttin der Fruchtbarkeit. Die Römer nannten sie Ceres und die Ägypter Iris.

DIONYSOS war der Gott des Weines. Die Römer nannten ihn Bacchus. Er war das jüngste Mitglied im Rat der Götter. Sein Vater war Zeus. Seine Mutter war Semele, die Tochter des Theben-Gründers Kadmos.

Das Baby Zeus und die Ziege Amalthea

Lange bevor Zeus die Götterwelt beherrschte, regierte auf dem Olymp ein schrecklicher Gott – sein Vater, der gewaltige Kronos.
Er verschlang alle seine Kinder – gleich nach der Geburt. Sie verschwanden weinend in seinem dunklen Rachen.
Warum tat er das?
Kronos tat es aus lauter Angst.
Es gab eine Prophezeiung, die besagte, dass eines seiner Kinder ihn eines Tages vom Thron stoßen würde.
»Ich werde ewig herrschen, wenn ich keine Kinder habe«, erklärte er seiner Frau Rhea. »Keiner wird mich von meinem Thron stoßen können. Ich werde niemandem Platz machen müssen. Ohne Kinder wird sich die Prophezeiung nicht erfüllen. Darum werden wir ohne Kinder leben!«
Rhea war darüber sehr traurig. Ein ewiges Leben ohne Kinder hatte für sie keinen Sinn.
Sie hatte Kronos trotzdem lieb. Darum wurde sie immer wieder schwanger.
Irgendwann, dachte sie, würde sich Kronos erbarmen. Doch sie irrte sich. Immer wieder verschlang Kronos das neugeborene Kind.

Das war schrecklich für Rhea. Aber sie hatte einen Trost: Ihre Kinder waren Götter. Und Götter sterben nicht. Einmal geboren, leben sie ewig. So lebten Rheas Kinder weiter in dem riesigen Bauch ihres Vaters. Platz gab es dort genug. Nur wachsen konnten sie nicht. Aber sie redeten und spielten miteinander und warteten darauf, dass man sie irgendwann befreien würde.

So vergingen Jahrhunderte.

Eines Tages merkte Göttin Rhea, dass sie wieder schwanger war.

Sie freute sich sehr und fasste einen Entschluss: »Ich werde mich verstekken. Kronos wird das Baby nicht verschlingen, wenn er mich nicht finden kann. Ich will endlich ein Kind haben!«

Sie floh auf die Insel Kreta. Dort verbarg sie sich heimlich in einer Höhle des Berges Ida.

Kronos witterte bald Gefahr.

»Wo ist meine Frau? Warum ist sie plötzlich verschwunden, ohne mir ein Wort zu sagen?«, fragte er sich. »Ist sie vielleicht wieder schwanger?«

Er begann, sie zu suchen. Aber er konnte sie nirgendwo finden.

Wütend durchforschte er die ganze Welt. Sie war wie vom Erdboden verschluckt.

So brachte Rhea in aller Ruhe heimlich einen Gott zur Welt – Zeus.

Das Kind war nur einige Tage alt, als plötzlich Kronos vor dem Eingang der Höhle stand. »Du hast wieder ein Kind geboren, du Unglückliche!«, donnerte er. »Gib es her!«

Doch Rhea war darauf vorbereitet. Sie wusste, dass Kronos sie finden würde, und reichte ihm einen in blutige Windeln gewickelten Stein.

Kronos verschlang das Bündel und war zufrieden.

Aber die Gefahr war nicht vorüber, weil Kronos verlangte, dass Rhea sofort mit ihm nach Hause kam. Sie begleitete ihn eine Weile, dann sagte sie: »Geh du nur vor. Ich komme nach. Ich bin noch schwach von der Geburt«, und setzte sich ins Gras.
Nachdem Kronos weitergegangen war, lief sie zurück zu der Höhle. Fieberhaft überlegte sie, wer sich nun um den kleinen Zeus kümmern sollte.
In der Nähe der Höhle floss ein Bach. Dort spielten fröhliche Nymphen. Auf einmal hörten sie ein Baby weinen und liefen sofort in die Höhle. Eine Nymphe nahm das Kind auf den Arm und tröstete es.
Da erschien plötzlich Göttin Rhea. »Kümmert euch um meinen Sohn Zeus«, sagte sie. »Er wird eines Tages die ganze Welt beherrschen. Ich werde jetzt eine von euch in eine göttliche Ziege verwandeln, damit sie das Kind mit Milch, Ambrosia und Nektar füttern kann!«
»Verwandle mich, bitte!«, bat sofort die Nymphe, die Zeus in ihren Armen hielt. »Ich würde mich so gern um das Baby kümmern.«
Das tat Rhea.
Sie verwandelte die Nymphe in eine schöne weiße Ziege und nannte sie Amalthea, was in der griechischen Sprache göttliche weiße Ziege heißt.
Die Ziege legte sich neben das Baby ins Heu und leckte es mit ihrer warmen Zunge ab und säugte es mit ihrer Milch. Aus ihren beiden Hörnern trank Zeus die göttlichen Speisen Nektar und Ambrosia.
Auch ein großer Schwarm Bienen begann sich um Zeus zu kümmern. Die Bienen brachten dem Baby Berghonig.
Zeus wuchs schnell. Von Tag zu Tag wurde er größer und stärker.

Damit Kronos das Baby nicht hören konnte, wenn es weinte, schickte Rhea kleine Geister, die Krach machten. Sie schlugen rhythmisch mit Holzlöffeln auf eiserne Töpfe und Pfannen. Sie sangen und musizierten so ausgelassen, dass ihr Lärm das Babygeschrei bei weitem übertönte. Einmal wurde Kronos misstrauisch. Er wollte wissen, wer diesen ohrenbetäubenden Lärm in der Höhle machte. Aber er kam nicht hinein, weil er so schrecklich groß war. Er musste auf die Knie gehen und konnte nur seinen Kopf durch die Höhlenöffnung stecken.
Doch noch bevor seine Augen sich an die Dunkelheit gewöhnt hatten, sprang die Ziege Amalthea auf, nahm Anlauf und versetzte ihm einen gewaltigen Stoß mit ihren Hörnern.
Das tat weh. Kronos lief schreiend davon.

Bei diesem Stoß verlor Amalthea eines ihrer Hörner. Dieses Horn ist als das sagenhafte »Füllhorn« in die Geschichte eingegangen. Es brachte seinem Besitzer unermesslichen Reichtum, denn es füllte sich immer und immer wieder aufs Neue mit dem, was sein Besitzer sich wünschte: sei es Gold oder edler Wein.

Dank Amaltheas Fürsorge wurde Zeus bald sehr groß und sehr stark.
Er beschloss, den gewaltigen Kronos von seinem Thron zu stürzen.
Die Prophezeiung sollte sich erfüllen.
Zeus brauchte Verbündete.
Heimlich traf er sich mit seiner Mutter Rhea. »Deine besten Verbündeten werden deine Geschwister sein«, sagte sie zu ihm. »Deine zwei Brüder Hades und Poseidon und deine drei Schwestern Hera, Hestia und Demeter. Kronos hat sie vor vielen Jahren verschlungen. Er muss sie wieder hergeben. Rede mit Metis, der klugen Titanin. Sie ist die Klügste von allen Unsterblichen. Sie kennt die Prophezeiung und wird dir helfen.«
Die kluge Titanin war bereit, Zeus zu unterstützen. »Es ist gut, dass du zu mir kommst. Es wird höchste Zeit, dass die Prophezeiung sich erfüllt. Zu lange schon tyrannisiert dein Vater Kronos die ganze Welt. Wenn er uns Götter das nächste Mal zu einem festlichen Essen einlädt, sage ich dir Bescheid. Dann sollst du versteckt in der Nähe warten. Ich werde dafür sorgen, dass ihm das Essen nicht bekommt und er sich übergeben muss. So werden alle deine Geschwister befreit!«
Genau so geschah es. Kronos spuckte sie alle aus, auch den Stein, den er anstelle von Zeus verschlungen hatte.

Zeus, Hades und Poseidon und auch die drei Schwestern Hera, Hestia und Demeter stürzten sich sofort auf Kronos. Der Kampf war schrecklich. Die ganze Erde erzitterte. Es bildeten sich große Ozeanwellen, die ganze Landschaften verwüsteten.

Kronos war kaum zu schlagen. Er kämpfte nicht allein. Seine Titanenbrüder kamen ihm zu Hilfe. Aber auch Zeus und seine Geschwister hatten Verstärkung bekommen. Das waren drei Kyklopen und die drei hundertarmigen Riesen. Die Kyklopen schmiedeten für Zeus die Donnerkeile und die Blitze.

Ganze zehn Jahre dauerte der Kampf. Dann endlich, von Donnerkeilen und Blitzen schwer getroffen, gaben sich Kronos und die Titanen geschlagen. Sie hatten keine Kraft mehr.

Zeus verbannte Kronos und die Titanen in die Tiefen des Tartaros. Die hundertarmigen Riesen mussten sie dort bewachen.

Damit war der Kampf zu Ende. Es war Frieden. Es begann eine neue Zeit. Die Erde konnte aufatmen.

Zeus wurde der Herrscher des Olymp.

Er teilte sich die Welt mit seinen zwei Brüdern Hades und Poseidon. Den Gipfel des Olymp wählte er zu seinem Sitz. Dort ließ er goldene Paläste für sich und die zwölf wichtigsten Götter bauen.

Aus Dankbarkeit verewigte er Amalthea, die er sehr lieb hatte, für immer am Himmel. Er verwandelte sie in ein leuchtendes Sternbild.
Schau nachts nach oben: Du wirst Amalthea als Steinbock sehen.

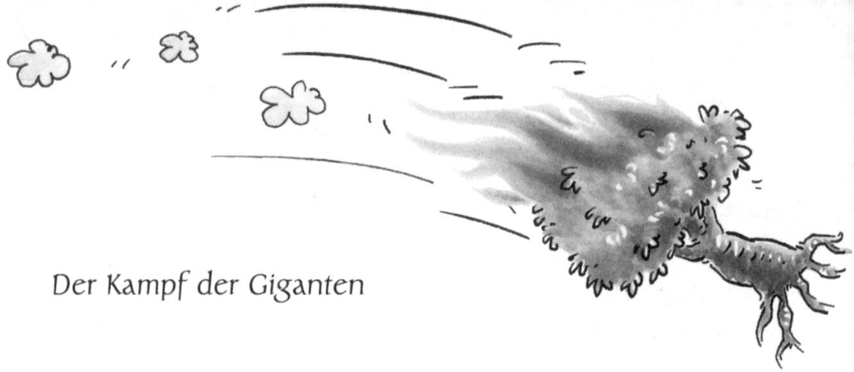

Der Kampf der Giganten

Die Giganten waren Söhne der Urgöttin Gaia, der Mutter Erde.
Sie waren wild, ungestüm und riesengroß. Obwohl sie unsterblich waren, waren sie keine Götter. Das ärgerte sie. Neidisch schauten sie zu den goldenen Palästen der Götter auf dem Olymp empor. Sie selber mussten in einfachen Höhlen leben, weil sie handwerklich nicht geschickt genug waren. Sie taten nichts anderes, als zum Spaß miteinander zu kämpfen und Wettrennen zu veranstalten.
Eines Tages nach einem Wettkampf schmiedeten sie einen heimlichen Plan.
»Wir sind stark«, sagten sie zueinander. »Warum überfallen wir nicht den Olymp? Wir werden die Götter verjagen und in ihren Palästen leben. Wir werden Zeus stürzen und einen von uns an seine Stelle setzen.«
»Das ist eine gute Idee«, riefen viele. »Lasst uns Zeus mitsamt seinen Göttern in die ewige Dunkelheit des Tartaros stürzen. Dann werden wir die Erde beherrschen!«
Sie krochen aus ihren Höhlen hervor und versteckten sich in den großen Wäldern, die den Berg Olymp umgaben. Von dort griffen sie an. Sie entzündeten ganze Bäume und warfen sie wie Streichhölzer auf den Olymp. Sie wollten den ganzen Berg in Brand stecken.

Die Götter erschraken. Große Verwirrung herrschte in ihren Palästen. Keiner hatte den Angriff erwartet. Dann aber fassten sie sich und begannen zu kämpfen.
Ein wütender Zeus stand auf dem Gipfel des Olymp und schleuderte seine Donnerkeile und Blitze auf die Angreifer. Es donnerte so gewaltig, dass die Erde erzitterte.
Aber die Giganten ließen sich nicht entmutigen. Sie schlugen zurück. Der Kampf war erbittert und grausam. Alle Götter kämpften mit. Apollon schoss seine immer treffenden Pfeile ab. Hephaistos schleuderte glühende Kohlen aus seiner Schmiede auf sie, und Poseidon stieß mit dem Dreizack zu. Auch Ares, der Gott des Krieges, wehrte unermüdlich die anstürmenden Giganten ab.
Als er mit seinem Kriegswagen an Zeus vorüberjagte, rief er ihm zu: »Wir werden den Kampf verlieren, Vater Zeus. Die Giganten sind nicht zu schlagen! Jedes Mal, wenn wir sie zu Boden gezwungen haben, gewinnen sie wie durch ein Wunder neue Kraft. Sie brauchen nur ihre Mutter Erde zu berühren, schon weicht jede Müdigkeit von ihnen. Was sollen wir nur tun?«
Auch Zeus war ratlos.
Zeus rief Apollon zu sich. Apollon war der Gott der Weissagung. Er war allwissend.
»Mein Sohn, bitte, gib mir einen Rat. Wie können wir die Giganten besiegen?«
Apollon überlegte kurz, dann sagte er: »Wir können den Kampf nur gewinnen, wenn ein Sterblicher auf unserer Seite kämpft. Ich denke an Herakles, Vater Zeus. Nur er kann uns helfen.«

Herakles war Zeus' Sohn. Die alten Römer nannten ihn Herkules. Zeus schickte sofort die Göttin Pallas Athene auf die Erde, um ihn zu holen.
Sie fand ihn bald.
»Schnell, Herakles, komm! Du musst uns helfen!«, rief sie schon von weitem. Sie nahm ihn in ihre Arme und flog mit ihm zum Olymp.
Herakles sah sofort, dass hier ein furchtbarer Krieg tobte. Aber er hatte keine Waffen.
»Herakles, nimm ein Schwert von mir!«, rief Hephaistos, der Gott der Schmiedekünste. »Damit kannst du mit einem Hieb Felsen durchtrennen, als wären es weiche Äpfel. Es ist das schärfste und stärkste Schwert der Welt!«
»Ich schenke dir einen goldenen Bogen und treffsichere Pfeile«, sprach Apollon, der auch der Gott des Bogenschießens war.
»Und von mir bekommst du eine Rüstung«, fügte Pallas Athene hinzu. »Sie wird dich vor feindlichen Pfeilen und Speeren schützen. Nun geh und kämpfe. Du musst uns Göttern helfen.«

So bewaffnet, griff Herakles die Giganten an. Die Pfeile des Apollon sausten wie Blitze durch die Luft und verfehlten nie ihr Ziel.
Aber leider geschah immer das gleiche Wunder: Der getroffene Gigant fiel zwar zu Boden, aber kaum berührte er mit der Hand die Erde, seine Mutter, sprang er mit neuer Kraft wieder auf. Seine Wunden verheilten auf der Stelle.
Herakles begriff: Er hatte nur eine Chance, wenn die Giganten die Erde nicht berühren konnten.

Und was tat er?
In dem Moment, in dem ein von ihm getroffener Gigant zu Boden sank, packte er ihn mit beiden Armen, hob ihn hoch und trug ihn zum Meeresufer. Dort warf er ihn ins Wasser.
So konnten die Giganten die Erde nicht mehr berühren und keine neue Kraft von ihrer Mutter bekommen. Sie mussten aufgeben.
Die Götter des Olymp waren gerettet. Die geschwächten Giganten sperrte Zeus in den Tartaros, den finsteren Abgrund unter der Erde. Das war ihre Strafe.

Momos, der Gott des Tadelns und des Nörgelns

Eine der ersten griechischen Göttinnen war Nyx, die Göttin der Nacht. Sie entstand aus dem Urchaos, zusammen mit der Erde Gaia und der Finsternis Tartaros.
Nyx, die Göttin der Nacht, hatte mehrere mächtige Kinder: Thanatos, den Tod, Hypnos, den Schlaf, Hemera, den Tag, Aither, die Luft, und auch Momos, den Gott des Tadelns und des Nörgelns. Alle ihre Kinder brachte Nyx zur Welt, ohne jemals einen Mann oder Geliebten gehabt zu haben.
Sie liebte es, in der Dunkelheit allein zu sein.
Ihre Kinder waren immer in ihrer Nähe: der Tag, die Luft, der Schlaf und der Tod. Auch Momos, der Gott des Tadelns und des Nörgelns, der allen auf die Nerven ging.
Sein ewiges Nörgeln war auch für die Götter schwer zu ertragen. Sie machten einen großen Bogen um ihn, wenn sie ihn von weitem sahen. Darüber ärgerte sich Momos schwarz.
Er, der Gott des Tadelns, brauchte ständig jemanden, den er tadeln konnte. Sonst fühlte er sich wie ein Durstiger, der kein Wasser findet und vor Durst stirbt.

Momos war sich immer ganz sicher, er wusste alles besser. Nur wollte niemand seine ständigen Ratschläge hören.
Darum war er sehr oft schlechter Laune.
Ich könnte alles auf der Welt viel besser machen, dachte er. Aber leider habe ich nicht Zeus' Macht, die Dinge zu verändern und zu verbessern. Alles ist ungerecht und schlecht.
Einmal stand Momos vor einer Wiese mit grasenden Rindern.
Er schaute sich die Tiere an und sagte laut: »Wieder entdecke ich einen Fehler. Wieder einen Fehler! Zeus hat euch erschaffen, ohne sich die Sache richtig zu überlegen. Warum fragt mich keiner? Warum?«
Zeus war in der Nähe und hörte diese Worte. Er zeigte sich vor Momos und fragte: »Was höre ich, Momos? Du hast wieder einen Fehler entdekkt? Einen Fehler bei diesen prächtigen Rindern? Was für einen Feh-ler? Zeig ihn mir!«
»Ich möchte dich nicht kränken, Zeus, aber bei der Erschaffung der Rinder ist dir ein grober Fehler unterlaufen. Ich möchte dich aber nicht kränken.«
»Zeig mir den Fehler.«
»Du hast den Rindern Hörner geschenkt. Mächtige, schwere Hörner.«
»Gefallen dir die Hörner nicht?«
»Ganz im Gegenteil. Aber überlege, Zeus, du hast die schweren Hörner auf ihren Köpfen wachsen lassen. Jetzt müssen die armen Tiere mit gesenktem Kopf gehen. Wo aber ist ein Rind am stärksten? Auf dem Rücken! Dort hättest du die Hörner wachsen lassen sollen. Auf dem Rücken!«
Zeus fragte verärgert: »Auf dem Rücken?«

»Ja! Auf dem Rücken! Das ist der Fehler, der dir unterlaufen ist.«
»Mein lieber Momos«, sagte Zeus, »du täuschst dich sehr. Und ich werde es dir beweisen. Ich schenke dir jetzt zwei große Hörner. Und du sollst sie die nächsten hundert Jahre auf deinem Rücken tragen.«
Sofort wuchsen Momos zwei mächtige Hörner auf dem Rücken. Momos musste sich nach vorne beugen, damit er nicht nach hinten kippte.
»Zeus, warte, es war nicht so gemeint«, rief Momos entsetzt.
Aber Zeus war verschwunden.
Er war auch nirgendwo zu finden.
So musste Momos hundert Jahre lang
die Hörner auf seinem Rücken tragen.
Seinen Fehler hatte er eingesehen,
aber es war zu spät.
Auch ein Gott des Tadelns tadelt
nicht den Göttervater Zeus.

Die Geburt der Göttin Pallas Athene

Viele griechische Götter wurden auf ungewöhnliche Weise geboren.
So auch Athene, die Göttin der Weisheit und des Sieges.
Ihre Geburt geschah so:
Vater Zeus hatte Kopfschmerzen, göttliche Kopfschmerzen, das heißt, er hatte schreckliche Kopfschmerzen, weil Götter sonst nie Kopfschmerzen haben.
Das machte ihn zornig und unberechenbar. Alle Götter des Olymp bemerkten es. Sie suchten vorsichtshalber das Weite.
»Warum tut mir der Kopf so weh?«, fragte er sich.
Vater Zeus witterte ein Komplott. Er fühlte sich bedroht. Er schaute sich nach allen Seiten um. Warum waren plötzlich alle Götter verschwunden? Krochen vielleicht wieder die Giganten und die hundertarmigen Riesen aus dem Tartaros hervor? Wollte man ihn von seinem Thron stürzen?
Er hob seinen Kopf zum Himmel und rief so laut, dass die ganze Erde erzitterte: »Helios, was siehst du heute von dort oben?«
»Alles, Vater Zeus, wie immer!«
»Siehst du eine Gefahr für mich? Oder ist alles in Ordnung?«
»Alles in Ordnung, Vater Zeus! Wie immer!«
»Bist du dir sicher?«

»Keine besonderen Vorkommnisse. Die Erde dreht sich. Die Winde wehen. Die Menschen vermehren sich! Und alle verehren dich, Vater Zeus! Wie immer!«
»Aber wo sind die Götter? Warum ist keiner in meiner Nähe?«
»Die Götter haben das Weite gesucht, weil du heute zornig bist, Vater Zeus.«
»Ich bin zornig, weil mir mein Kopf wehtut. Warum tut mir mein Kopf so weh?«
»Woher soll ich das wissen, Vater Zeus? Ich wundere mich nur, dass so etwas möglich ist.«
»Das wundert mich auch! Oh!«
Zeus stöhnte so laut, dass die Erde erzitterte.
»Helios«, rief er, »wenn du von dort oben meinen Bruder Poseidon siehst, schicke ihn zu mir! Ich muss mit ihm reden!«
»Wird gemacht, Vater Zeus. Ich werde ihn sofort benachrichtigen.«
Plötzlich stand Poseidon, der gewaltige Gott aller Meere und Ozeane, vor Zeus und fragte: »Du hast mich rufen lassen, Bruder?«
»Ja. Ich habe Kopfschmerzen. Schreckliche Kopfschmerzen.«
»Wie ist das möglich?«
»Das frage ich mich auch. Ich habe sie schon seit Tagen. Sie werden immer schlimmer. Schlimmer und schlimmer, sage ich dir! Ich habe das Gefühl, etwas wächst in meinem Kopf, etwas hämmert von drinnen und will heraus. Komm, Bruder, leg dein Ohr an meinen Kopf, hier, an diese Stelle. Sag mir – hörst du was?«
»Es hämmert da drinnen! Ich höre es!«
»Was könnte das sein?«, fragte Zeus.

»Keine Ahnung. Aber es klopft gewaltig! Es ist ein Speer, Bruder, oder ein Schwert. Etwas will aus deinem Kopf heraus. Es schlägt beharrlich nur auf einen Punkt. Aber ich frage mich, wie kann ein Speer in deinen Kopf kommen?«
»Pssst!«, machte Zeus leise. »Das hat sicher mit meiner Frau Metis zu tun.«
»Die Okeanide?«
»Ja. Die kluge Metis. Die Klügste dieser Welt. Mutter Gaia sagt, dass sie die Weisheit verkörpert. Und wenn einer sich mit ihr vereint, wird er auf ewig der Klügste dieser Welt sein! Darum habe ich sie geheiratet!«
»Sie ist aber schon seit langem verschwunden. Die Götter munkeln, dass du sie verstoßen hast. Wo ist sie denn?«
»Frag bitte nicht! Und glaube mir, ich habe sie nicht verstoßen.«
»Wo ist sie dann?«
»Ich habe mich mit ihr vereint.«
»Was heißt das?«
»Ich habe sie verschluckt!«
»Du hast sie – waaas?«
»Verschluckt. Aus lauter Liebe. Als sie schlief.«
»Arme Metis!«
»Nein, du musst sie nicht bedauern. Sie lebt glücklich in meinem Bauch. Sie liebt mich immer noch – ich fühle es!«
»Aber hat sie sich nicht gewehrt? Wie hast du sie denn verschluckt?«
»Als sie schlief. Sie hat gar nichts gemerkt. Vorher hatte ich sie natürlich in eine Auster verwandelt, damit sie mir schmeckt.«
»Ich bin sprachlos! Dass du sie aus lauter Liebe verschluckt hast, kaufe

ich dir nicht ab. Das tut keiner, auch wenn er den anderen zum Fressen gern hat. Es gab sicher einen ganz anderen Grund, den du mir jetzt verschweigst. Spuck es aus.«

»Du hast Recht. Ich gebe es zu. Ich hatte einen sehr triftigen Grund. Ich konnte nicht anders handeln. Es gab keinen anderen Ausweg.«

»Du machst mich neugierig. Erzähle«, sagte Poseidon.

»Die Geschichte war so: Metis wurde schwanger, und wir freuten uns beide. Endlich kriegten wir Nachwuchs. Dann aber kam Gaia mit einer Weissagung zu mir, und sie prophezeite: Wenn Metis einen Sohn gebärt, dann wird er mächtiger sein als du und dich entthronen. Wenn sie eine Tochter bekommt, dann wird diese dir an Weisheit ebenbürtig sein. Aber woher sollte ich wissen, was es sein würde: ein Sohn oder eine Tochter? Ich überlegte lange. Wochenlang konnte ich nicht schlafen. Doch dann fasste ich einen Entschluss: Ich verschlang die schwangere Metis, als sie nichts ahnend schlief. Und jetzt habe ich diese schrecklichen Kopfschmerzen. Nicht auszuhalten sind die.«

»Vielleicht hat Metis' Schwangerschaft etwas damit zu tun. Rufe Hephaistos. Er soll mit seiner größten Axt kommen. Er muss deinen Kopf spalten. Ich werde dich festhalten. Dann werden wir sehen, was dich so quält!«

Und das haben sie getan. Poseidon hielt Zeus' Kopf fest, und Hephaistos, der Gott der Schmiedekünste, schlug mit seiner größten Axt zu. Zeus' Kopf spaltete sich. Da geschah ein Wunder.

Aus der Öffnung entsprang in goldener Ausrüstung, mit Speer, Schild und Helm, eine neue Göttin: die Tochter von Zeus und Metis, die Göttin der Weisheit und des Sieges, Pallas Athene.

»Hier bin ich, Vater Zeus!«, sagte sie. »Du hast mich lange klopfen lassen!«
Zeus umarmte sie erleichtert.
Sie wurde eine der zwölf wichtigsten Gottheiten.
So war Vater Zeus endlich seine Kopfschmerzen los.
Später spuckte er auch Metis aus, damit sie wie er Freude an ihrer Tochter haben konnte.
Metis und Zeus blieben Freunde, aber sie ließen sich scheiden, weil sie keine Kinder mehr zusammen haben wollten.
Zeus heiratete die Titanin Themis, die ihm die Horen, die vier Göttinnen der Jahreszeiten, und auch die Schicksalsgöttinnen gebar.
Tausende Jahre später heiratete Zeus Hera.
Sie blieb auf ewig seine Frau.

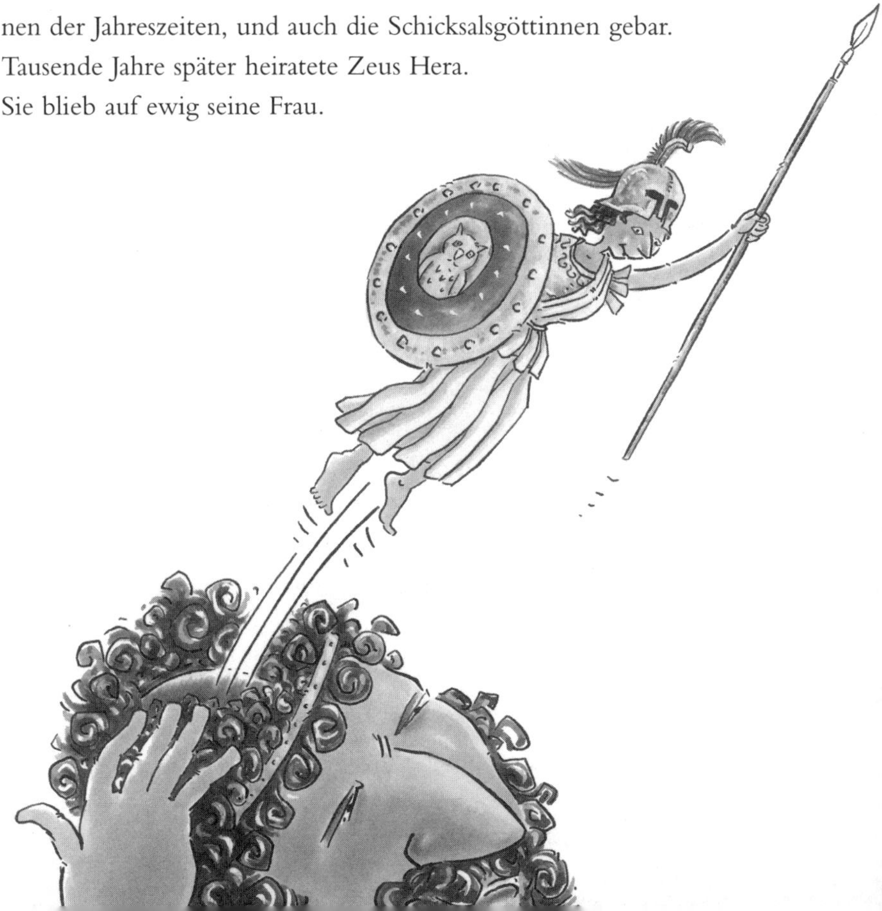

Die Rache des Hephaistos – der Gott des Feuers und der Schmiedekünste

Nicht nur Menschen, auch Götter haben manchmal Ehekrach. Selbst bei Göttern hängt manchmal der Haussegen schief.

So war es auch bei Hera und Zeus.

Sie hatten einen Riesenkrach. Hera war eifersüchtig auf andere Frauen. Monatelang redeten die beiden kein Wort miteinander. Sie verfluchten sich gegenseitig. Hera wurde schwanger. Aber das Kind war vaterlos, denn Hera gebar Hephaistos aus sich selbst. Sie wollte Zeus ärgern.

Die Schwangerschaft war sehr anstrengend, und die Geburt war schwer. Hephaistos kam lahm auf die Welt, und er war hässlich. Hera wollte ihn nicht behalten. Sie warf ihn einfach vom Himmel hinunter.

Einen ganzen Tag lang fiel das Kind zur Erde. Weil es ein Gott war, überlebte es.

Das Kind landete in einem Ozean, in einer Gegend, wo zwei göttliche Wesen, die Okeanidenschwestern Thetis und Eurynome, wohnten.

Thetis hatte das Baby als Erste gesehen und rief: »Komm, Schwester, schnell, schau dir das an. Ein Kind ist vom Himmel gefallen!«

»Es muss ein göttliches Kind sein«, sagte Eurynome.

»Sicher. Sonst wäre es schon tot«, meinte Thetis.

»Bei Zeus, ist es hässlich!«

»Sag nicht so etwas, Schwester. Ein Kind ist niemals hässlich. Schönheit und Hässlichkeit werden uns einfach gegeben. Komm, wir nehmen es mit und werden es als unser eigenes Kind aufziehen. Ist das nicht eine schöne Aufgabe?«
»Du hast Recht, Schwester. Ich nehme das Wort hässlich zurück.«
»Wir werden Apollon fragen, wer dieses Kind ist. Apollon weiß alles!«
»Das ist Heras Sohn Hephaistos«, erklärte Apollon bereitwillig. »Hera wurde ohne Mann schwanger. Darum ist das Kind so hässlich geworden.«
»Apollon, ein Kind ist niemals hässlich. Schönheit ist keines Menschen und auch keines Gottes Verdienst!«
»Das Kind ist trotzdem hässlich!«, beharrte der schöne Gott. »Aber mir ist das wurscht. Es hat jedoch ein großes Talent. Es wird eines Tages der Gott der Schmiedekünste werden.«
Neun Jahre lang kümmerten sich die beiden Okeaniden um Hephaistos. Er wuchs und entwickelte sich gut. Er erinnerte sich an seinen Sturz vom Himmel und fragte nach seiner Mutter Hera. Warum hatte sie ihn damals hinuntergestoßen?
Die Okeaniden meinten, es sei ein Unglücksfall gewesen. Sie fragten: »Bist du bei uns nicht glücklich? Du bist jetzt unser Sohn!«

In der Nähe lag eine Insel mit einem Vulkan. Irgendwann kletterte Hephaistos in das Vulkaninnere hinab.
Er kam begeistert zu seinen Pflegemüttern zurück und erzählte von seinen großartigen Entdeckungen. Etwas, das bestimmt noch keine Okeanide gesehen habe. Es waren Metalle: Gold, Silber, Eisen, Blei,

Kupfer. Und Edelsteine: Diamanten, Smaragde, Rubine, Saphire und viele andere mehr. Er wollte den Okeaniden alles zeigen, aber sie hatten keine Lust, in das Vulkaninnere hinabzusteigen.
In diesem Vulkan, tief unter der Erde, errichtete Hephaistos eine große Schmiede. Deshalb nannten ihn die alten Römer auch Vulcanus. Er lernte die Kunst, aus Erzen Metalle zu gewinnen und zu schmieden und auch Edelsteine zu schleifen.
Jetzt war er nicht mehr zu bremsen. Er hämmerte Tag und Nacht. Unermüdlich schmiedete er wunderschöne Kunstwerke aus Gold und Silber und beschenkte die Okeaniden damit.

Aber er war traurig. Traurig, dass seine Mutter Hera ihn nicht haben wollte. Traurig, dass sie nicht wissen wollte, was er machte.
Thetis versuchte ihn zu beruhigen: »Hera ist viel zu beschäftigt. Sie hat nie Zeit. Das musst du verstehen.«
»Für mich sollte sie Zeit haben!«
»Die Welt ist viel zu groß. Und alle – alle rufen nach Hera und Zeus.«
»Wenn das so ist, dann gehe ich zum Olymp. Es ist Zeit, dass ich Hera besuche.«
Das war leichter gesagt als getan. Hephaistos zögerte noch.
Dann begann er, ein Geschenk für Hera zu schmieden: einen goldenen Thron. Zu seinen Pflegemüttern sagte er: »Ich kann nicht mit leeren Händen vor Hera stehen.« Was aber keiner wusste: In diesem Geschenk versteckte Hephaistos seine Rache.
Er hämmerte und schmiedete emsig und dachte: Ich werde ihr zeigen, dass ihr hässlicher Sohn der größte Handwerker und Künstler der Welt geworden ist.
Als die Okeaniden Thetis und Eurynome den fertigen Thron sahen, blieben sie wie verzaubert vor ihm stehen – so schön war er. Die Beine des Thrones sahen wie Löwenpfoten aus, die Lehnen endeten in Löwenköpfen mit leuchtend grünen Augen aus Smaragden.
Thetis und Eurynome wollten sich auf den Thron setzen, aber Hephaistos erlaubte es nicht.
»Nein!«, rief er. »Hera soll diesen Thron als Erste besteigen. Niemand anders!«
Dann nahm er sein Geschenk auf die Schulter und flog damit zum Himmel.

Hera erkannte ihn sofort.
»Mutter, vergessen wir, was geschehen ist. Hier – ein Geschenk für dich. Ich habe es mit viel Liebe geschmiedet. Nur für dich!«
Alle Götter und Göttinnen versammelten sich, um den herrlichen Thron zu bewundern. Nur Zeus war zurückhaltend und misstrauisch.
Der Thron wurde in Heras Palast gebracht. Hera und Hephaistos gingen hinterher.
»Danke, mein Sohn!«, sagte Hera gerührt. »Danke, dass du nicht nachtragend bist.«
Und sie setzte sich voller Stolz auf den Prunksitz.
Dann geschah es. Unsichtbare Fesseln schnappten zu und verwandelten sich sofort in goldene, Feuer speiende Schlangen. Keiner traute sich in ihre Nähe.
Hera war auf ihrem Prunkthron gefangen. Niemand konnte sie befreien. Im selben Moment war Hephaistos wie vom Erdboden verschluckt.
»Hilf mir, Zeus, befreie mich, bitte!«, bat Hera entsetzt.
»Ich schaffe es nicht! Die goldenen Schlangen, die dich an den Thron fesseln, lassen sich nicht durchtrennen. Und ihr Feuer verbrennt mich – ich kann es nicht löschen!«, donnerte Zeus.
»Was soll ich tun?«
»Verwandle dich in Wasser oder Nebel, Hera. Dann kannst du aus den Fesseln herausschlüpfen.«
»Es geht nicht! Meine Zauberkraft ist weg! Ich bin wie gelähmt!«
»Hephaistos soll sie sofort befreien!«, donnerte Zeus. »Wo ist er?«
Aber Hephaistos war nirgendwo zu finden.
»Apollon«, rief Zeus wütend. »Wo ist Hephaistos?«

»Na, wo wohl?«, erwiderte der Gott, der alles wusste. »Er hat sich in seiner Vulkan-Werkstatt versteckt.«

Drei Monate war Hera auf ihrem Prunkthron gefangen. Alle göttlichen Versuche, sie zu befreien, schlugen fehl.
Dann hatte Zeus einen Plan. Dionysos, der Gott des Weines, sollte Hephaistos suchen und ihn bitten, einen großen goldenen Krug für seinen besten Wein zu schmieden.

Dionysos machte sich auf den Weg. Er fand den zornigen Hephaistos in seiner Schmiede bei der Arbeit und trug ihm seine Bitte vor.
»Was ist Wein?«, wollte Hephaistos wissen.
»Höre ich richtig?«, heuchelte Dionysos Empörung. »Vor dir steht der Gott des Weines, und du sagst ihm, du weißt nicht, was Wein ist?«
»Nein! Woher soll ich das wissen? Ich habe mein ganzes Leben hier in diesem Vulkan verbracht. Hier gibt's keinen Wein.«
»Wein, mein Lieber, ist das köstlichste Getränk der Welt. Er schmeckt herrlich, und man wird lustig davon.«
»Wie wird Wein gemacht?«
»Aus Weintrauben. Sie schmecken auch herrlich. Du solltest mit mir nach oben kommen. Dann könnte ich dir die Weinberge zeigen, wo die Trauben wachsen. Aber Wein schmeckt noch besser.«
»Kannst du mir Wein bringen?«
»Natürlich! Als Gott des Weines wird es mir eine Ehre sein! Weißt du was? Während du meinen goldenen Krug schmiedest, hole ich den Wein. Dann trinken wir einige Gläschen zusammen!«
Dionysos verschwand und kam nach einigen Stunden mit einem Fass Wein zurück.
Hephaistos holte zwei goldene Becher. Dionysos schenkte sie voll.
»Zum Wohl! Das ist mein bester Wein.«
Der Wein schmeckte Hephaistos. Er sagte: »Ein gutes Getränk!«
»Trinkst du noch einen Becher?«
»Gern!«
»Noch einen?«
Und wieder: »Noch einen?«

Und noch einen und noch einen – bis das Fass leer war.
Dionysos war daran gewöhnt zu trinken. Hephaistos aber nicht. Er wurde lustiger. Er wurde lauter, er lachte, dann gähnte er und schlief bald ein.
Darauf hatte der Gott des Weines nur gewartet. Er durchsuchte Hephaistos' Taschen und fand den Schlüssel für die Schlangenschlösser.

So wurde Hera befreit.
Sie versöhnte sich mit ihrem Sohn. Und Hephaistos baute auf dem Olymp für alle Götter Prunkpaläste.
Zeus meinte, er müsse etwas gutmachen, und nahm Hephaistos in den Kreis der zwölf wichtigsten Götter des Olymp auf. Und er befahl Aphrodite, der allerschönsten Göttin, ihn zu heiraten.
So bekam der hässliche Hephaistos die schöne Aphrodite, die Göttin der Liebe, zur Frau.

Eros' Rache

Gott Eros war ein guter Schütze.
Aber er war klein. Er war der Kleinste aller Götter. Alles an ihm war klein: Sein Bogen war klein und auch seine Pfeile. Aber er war der lustigste Gott, immer zu einem Spaß bereit. Er sah aus wie ein Kind und war ständig in Bewegung, so wie Kinder ständig in Bewegung sind.
Es gab einen Gott, der ein noch besserer Schütze war. Das war der schöne Apollon. Apollon saß im Rat der Götter, er war einer der zwölf größten Gottheiten. Er war der Gott der Weissagung, der schönen Künste und des Bogenschießens.
Alles an Apollon war schön. Und groß: Sein goldener Bogen war groß und auch seine Schießpfeile.
Er war so schön, dass man noch heute beim Anblick eines schönen Mannes sagt: »So schön wie Apollon!«
Alle lebendigen Wesen bewunderten ihn.
Apollon war sich seiner Schönheit bewusst. Er stolzierte mit hoch erhobenem Kopf umher und ließ sich von allen bewundern. Er hatte immer seinen Bogen in der Hand und den Köcher voller Pfeile über der Schulter.

Einmal trafen sich Apollon und Eros ganz zufällig bei einem Spaziergang. Das war auf einer schönen Wiese.
»Grüß dich, Apollon!«
»Grüß dich, Eros! Wie geht es dir?«
»Danke, gut! Ich bin zufrieden.«
»Schön, dass du zufrieden bist. Ich an deiner Stelle wäre unzufrieden.«
»Warum sollte ich unzufrieden sein?«
»Weil du so klein geraten bist. Schau dich nur in einem Spiegel an.«
Apollon begann zu lachen. »Und noch etwas, mein lieber Eros, verstecke bloß deinen Bogen, wenn du mich siehst. Sei mir nicht böse, aber du kannst doch gar nicht richtig schießen. Soll ich dir zeigen, wie man richtig schießt? Schau mir jetzt mal gut zu!«
Apollon nahm einen Pfeil, spannte seinen Bogen und schoss.
Der Pfeil sauste los. Umkreiste dreimal die Erde. Ging dreimal über ihre Köpfe hinweg – und steckte plötzlich im Gras vor Eros' Füßen.
»So schießt man, Kleiner. Kannst du mir das nachmachen?«
Eros konnte es natürlich nicht.
Beleidigt flog er davon, ohne ein Wort zu sagen.
Warte, du Schönling!, dachte er. Ich werde dir meine Macht zeigen. Ich werde dich vor allen Göttern lächerlich machen. Warte nur.
Er blieb in der Nähe und versteckte sich unsichtbar hinter einer Wolke.
Von dort aus beobachtete er, was Apollon machte.

Apollon hatte an diesem Tag eine Verabredung mit seiner Freundin, der schönen Nymphe Daphne. Er ging zu dem Bach, in dem sie wohnte. Dort setzte er sich ans Ufer, zauberte eine goldene Harfe hervor und begann zu musizieren und Liebeslieder zu singen. Als Gott der schönen Künste konnte er wunderbar spielen und singen.
Aus dem Bach, von seinen Liedern angelockt, tauchte mit ausgestreckten Armen die schöne Nymphe Daphne auf.
»Du singst himmlisch, Apollon«, seufzte sie. »Komm, umarme mich!«

Jetzt aber schoss Eros schnell hintereinander zwei Pfeile auf die beiden ab: einen goldenen und einen bleiernen. Mit dem goldenen Pfeil der Liebe zielte er absichtlich auf Apollon. Augenblicklich verliebte sich der schöne Gott unsterblich in Daphne. Mit dem bleiernen Pfeil des Hasses zielte er auf Daphne. Auch der Pfeil des Hasses zeigte sofort seine Wirkung. Jetzt konnte Daphne Apollon plötzlich nicht mehr ausstehen. Ihre zarten Hände wurden zu Fäusten. Statt den verdutzten Apollon zu umarmen, schlug sie plötzlich auf ihn ein.
»Weg von mir!«, rief sie. »Ich kann dich nicht ausstehen!«
»Aber du hast gerade zu mir gesagt: Du singst himmlisch, Apollon, komm, umarme mich! Das hast du gerade gesagt, liebe Daphne!«
»Ich soll gesagt haben, du singst himmlisch? Niemals! Glaubst du, ich habe kein Gehör? Du krähst, Apollon, du krähst wie eine Krähe, und genau so plusterst du dich auf. Rühr mich nicht an! Du ekelst mich!«
»Ich liebe dich, Daphne!«

»Aber ich hasse dich! Ich hasse dich! Ich hasse dich!«
Vergeblich versuchte Apollon, die Nymphe zu umarmen und zu beruhigen. Doch sie lief ihm davon. Der verliebte Apollon lief hinter ihr her und sang weiter seine Liebeslieder.
»Götter, rettet mich vor diesem Scheusal!«, rief Daphne mit all ihren Kräften, und ihre Stimme drang bis zum Olymp hinauf.
Die Götter schauten von oben herab und sahen die fliehende Daphne und den verliebten Apollon, der selbst beim Laufen noch Liebeslieder sang.
Es war ein Bild zum Totlachen.
Apollon machte Halt und rief flehend zum Himmel: »Vater Zeus, befehle ihr, mich zu lieben!«
»Zeus, ich sterbe vor Ekel, wenn er mich berührt! Rette mich, Vater Zeus!«, flehte Daphne.
Zeus lachte milde.
Er wusste sofort, was geschehen war. Vom Himmel donnerte er:
»Apollon, du hast Eros beleidigt, und er hat sich gerächt! Was hast du ihm angetan?«
»Ich habe nur zum Spaß sein Bogenschießen belächelt, Vater.«
»Wie konntest du so dumm sein! Warst du von allen guten Geistern verlassen? Du bist der Gott der Weissagung! Warum hast du nicht vorausgesehen, was geschehen wird? Wusstest du nicht, dass man mit Eros nicht spaßt? Worte können viel tiefer verletzen als Schläge, mein Sohn, und Eros ist sehr empfindlich! Gegen seine Pfeile kann ich leider auch nichts ausrichten!«

Zeus hatte aber Mitleid mit der unschuldigen Nymphe. Um sie zu retten, verwandelte er sie auf der Stelle in einen Lorbeerbaum.
Damit war aber die Geschichte von Apollon und seiner Liebe zu Daphne noch nicht zu Ende. Apollon blieb weiterhin krank vor Liebe. Er umarmte den Baum. Aus seinen Zweigen flocht er einen Lorbeerkranz und setzte ihn sich auf den Kopf. Er streichelte den Kranz und seufzte: »Ich liebe dich, Daphne, und ich werde dich ewig lieben!«
Die anderen Götter lachten ihn aus: »Aus lauter Liebe ist Apollon ein bisschen bekloppt geworden. Jetzt kann ihm wirklich keiner mehr helfen.«

Bald merkten die alten Griechen, dass der Gott Apollon immer einen Lorbeerkranz auf seinem Kopf trug.
Ein Lorbeerkranz muss etwas ganz Besonderes sein, dachten sie.
Deshalb begannen sie, die Sieger bei sportlichen und künstlerischen Wettbewerben mit Lorbeerkränzen zu schmücken.
Noch heute, wenn ein Mensch etwas Großes erreicht hat, sagt man, dass er einen Lorbeerkranz verdient habe. Das ist sprichwörtlich geworden.
Hast du auch schon einmal einen Lorbeerkranz verdient?

Hermes, der Gott der Diebe

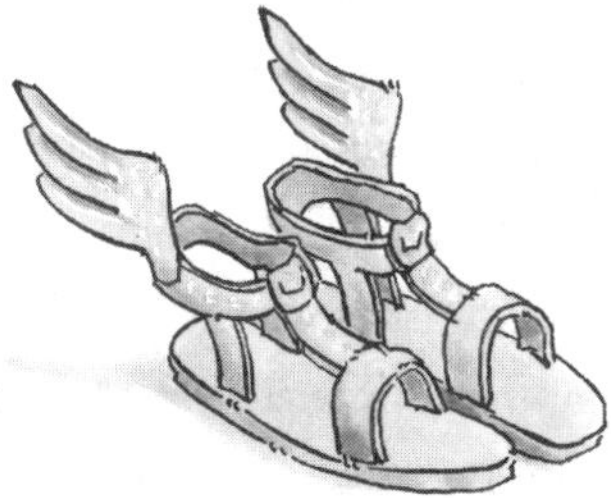

Die älteste Tochter des Titanen Atlas war die schöne Maia. Zeus sah sie und war sofort verliebt. Die Liebe blieb nicht ohne Folgen. In einer Höhle des Berges Kyllene gebar sie ihm einen Sohn – Hermes. Das Kind kam frühmorgens zur Welt.

Maia schlief noch tief, erschöpft von der Geburt, als der kleine Hermes aus seinem Bett krabbelte. Götter wachsen sehr schnell. Nach kurzer Zeit stand das Kind auf und marschierte durch den Ausgang der Höhle. Hermes war sehr neugierig. Er wollte die Welt kennen lernen.

Vor dem Eingang der Höhle lag der Panzer einer toten Schildkröte. Der kleine Hermes begann damit zu spielen.

Bald hatte er eine Idee. Er baute aus dem Schildkrötenpanzer ein Musikinstrument mit sieben Saiten – die erste Leier der Welt. Er spielte darauf. Dann legte er sich neben seine Mutter und trank ausgiebig von ihrer Milch.

Schon bald verspürte der kleine Gott erneut Tatendrang. Er verließ heimlich die Höhle und schaute sich nach allen Seiten um. Nicht weit entfernt, auf einer grünen Wiese, grasten fünfzig prächtige Kühe aus der Herde des Gottes Apollon.

Schön waren sie, wirklich schön.

»Da ist kein Mensch weit und breit zu sehen«, sagte sich Hermes, nachdem er sich umgeschaut hatte. »Kein Hirte, auch kein Gott, kein Zaun und kein Hund. Diese Kühe, so scheint mir, sind herrenlos, oder ihr Besitzer ist schon längst gestorben. Sie gehören niemandem. Sie haben große Euter voll mit Milch. Ich liebe Milch. Ich nehme die Kühe mit, weil ich sie gefunden habe. Es wäre eine Sünde, sie hier allein zu lassen.«
Er schaute sich wieder um. Dann überlegte er weiter: Es ist besser, wenn keiner sehen kann, wohin die Herde gegangen ist. Und auch ich sollte keine Fußspuren hinterlassen. Wie mache ich das? Ach, ich hab's! An meinen Füßen werde ich etwas Gestrüpp befestigen. Dann packe ich die Kühe am Schwanz und ziehe sie rückwärts hinter mir her. So wird jeder denken, die Kühe sind aus dieser Richtung gekommen und dann verschwunden.

Nachdem er die Herde versteckt hatte, ging er zurück zu seiner Mutter und legte sich schlafen. Er schlief tief, als plötzlich ein wütender Apollon in die Höhle gestürmt kam.
»Wo ist meine Herde? Wo sind meine Kühe?«, donnerte er.
Maia sprang aus dem Bett. »Pssst! Apollon, du wirst mein Baby wecken!«
»Dein Baby ist ein ausgewachsener dreister Dieb! Ein dreister Dieb!«
»Was redest du da? Sieh doch: Es schläft friedlich in seinem Bett!«
»Mir kann er nichts vormachen. Ich bin der Gott der Weissagung. Ich weiß alles! Ich weiß, dass er meine Herde gestohlen hat! Wo sind meine Kühe, Hermes? Ich weiß, dass du nicht schläfst! Wo sind meine Kühe?«
Hermes öffnete die Augen und machte ein unschuldiges Gesicht.
»Lass mich schlafen! Was willst du von mir?«
»Ich bin Apollon, der Gott der Weissagung. Mir gehören die Kühe, die du gestohlen hast!«
»Ich habe nichts gestohlen.«
»Doch! Du hast meine Kühe geklaut, eine ganze Herde!«
»Was ist das – Kühe?«
»Was soll diese Frage?«
»Ich weiß nicht, was Kühe ist. Ich habe noch nie Kühe gesehen.«
»Du lügst! Du lügst, dass sich die Balken biegen!«
»Nein! Was ist das – Kühe?«
»Kühe sind Tiere mit vier Beinen, einem Schwanz, einem Euter und zwei Hörnern«, donnerte Apollon. »Eine Kuh macht muuuh!«
»Muuuh?«
»Ich bringe dich zu Zeus! Das ist mir zu dumm! Zeus soll mit dir reden! Du bist sein Sohn!«

Auch vor Zeus beteuerte Hermes vernehmlich seine Unschuld. Aber Zeus hatte ihn durchschaut.
»Hermes«, sagte er, »ihr beide seid meine Söhne, ihr seid Halbbrüder. Ich möchte nicht, dass ihr Streit miteinander habt. Flieg mit Apollon zur Erde, und zeige ihm, wo du seine Herde versteckt hast.«
»Aber ich bin noch klein, Vater Zeus. Ich kann noch nicht so schnell fliegen wie er.«
»Das stimmt, aber ich schenke dir etwas, das dich schneller macht. Ich schenke dir goldene Sandalen mit Flügeln. Du sollst sie immer tragen. Damit wirst du ab heute der Schnellste aller Götter sein! Ich mache dich zum Gott der Reisenden, der Kaufleute und der Diebe. Du wirst mein himmlischer Bote sein! Und jetzt zeig Apollon, wo seine Herde ist.«
»Ich habe die Herde nur mitgenommen, weil ich dachte, sie gehörte niemandem«, sagte Hermes jetzt. »Ich habe nichts gegen Apollon.«
Er zog die geflügelten Sandalen an und flog mit Apollon zur Erde.

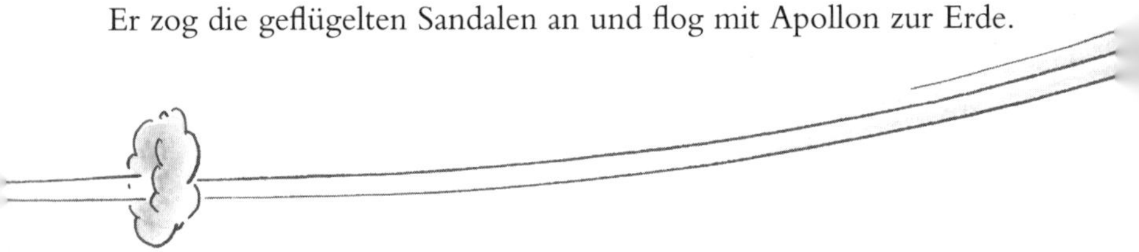

Unterwegs spielte er auf seiner Leier. Apollon war von diesem neuen Musikinstrument so begeistert, dass er ihm einen Handel vorschlug:
»Ich gebe dir meine Herde, wenn du mir deine Leier gibst. Wahrscheinlich weißt du es nicht, aber ich bin auch der Gott der schönen Künste. Musik habe ich am liebsten. Tauschen wir?«

Hermes war einverstanden. »Abgemacht! Tauschen wir.«
Er gab Apollon die Hand, und plötzlich zog er unter seinem Umhang Apollons Bogen und Pfeile hervor. Er hatte sie unterwegs geklaut.
»Die gebe ich dir dazu!«
Diesmal lachte Apollon.
»Ich habe nichts bemerkt. Gar nichts! Wann hat du sie mir geklaut?«, fragte er.
»Ich bin der Gott der Diebe, Apollon!«
Apollon wurde Hermes' bester Freund. Es war eine Freundschaft, die eine Ewigkeit hielt.

Amor und Psyche

Psyches Vater war ein griechischer König. Er hatte ein Königreich und drei Töchter. Eine von ihnen hieß Psyche.
Sie war so schön, dass jeder sie für eine Göttin hielt.
»Sie ist sicher schöner als Aphrodite, die Göttin der Liebe«, sagten die Menschen, die Psyche sahen.
Das kam Aphrodite zu Ohren. Sie ärgerte sich.
Sie rief ihren Sohn Amor zu sich und sagte zu ihm: »Du musst etwas für mich tun. Fliege nach Griechenland, und finde die schöne Psyche. Sorge dafür, dass sie sich in den scheußlichsten Mann weit und breit verliebt. Finde einen, der bucklig, haarig, hässlich und dumm ist. Verheirate sie mit ihm. Dann werden die Menschen sie verachten und belächeln und nicht mehr verehren! Beeile dich!«
Amor flog nach Griechenland, fand den hässlichsten Griechen und brachte ihn in den Königspalast. Dort sah er Psyche und verliebte sich auf der Stelle in sie.
»Zeus, wie schön sie ist!«, seufzte er. »Die Leute haben Recht. Sie ist wirklich schöner als meine Mutter. Nein, nein und noch mal nein! Den Auftrag meiner Mutter werde ich nicht ausführen! Den hässlichen Griechen schicke ich zurück. Ich nehme sie selber zur Frau. Aber wie bringe

ich sie in meinen Palast, ohne dass meine Mutter es merkt? Ich muss Apollon um Hilfe bitten.«

Apollon hörte sich seine Bitte an und sagte: »Keine Sorge, ich weiß, was zu machen ist. Ich schicke einfach ein berühmtes Orakel zum Vater deiner Angebeteten. Aber du weißt – Zeus hat verboten, dass Götter sich in ihrer wirklichen Gestalt vor Menschen zeigen. Psyche darf dich nicht sehen und nicht wissen, wer du bist. Das musst du mir versprechen, wenn du meine Hilfe in Anspruch nehmen willst.«

»Ich verspreche es.«

Apollon schickte sein Orakel. Geheimnisvoll verkündete es dem König: »Psyche muss einen bösen Geist heiraten. Sie muss morgen früh in einem Hochzeitsgewand auf den Atonberg steigen. Vom Gipfel des Berges wird der Geist sie abholen. Geschieht das nicht, werden Tod und Verderben über dein Land kommen!«

Schweren Herzens gehorchte der König.

Am nächsten Morgen bestieg Psyche in einem Hochzeitsgewand den Gipfel des Atonberges. Ihr Vater, ihre Schwestern und ein großes Gefolge begleiteten sie.

Es blies ein eisiger Wind. Alle zitterten vor Kälte.

Aber plötzlich veränderte sich etwas. Der Wind wurde angenehm warm und sanft. Eine leichte Böe hob Psyche in die Luft.

War das der Geist?

»Auf Wiedersehen, Schwestern!«, rief sie. »Auf Wiedersehen, Vater!«

Und sie flog davon.

Der Wind setzte Psyche vor einem einsamen Palast nieder. Fenster und Türen waren aus Kristall und Edelsteinen. Der Boden war aus purem Gold. Unsichtbare Geister öffneten die Tür.

Eine freundliche Stimme sagte: »Komm herein, Psyche. Das hier ist dein Zuhause. Alles, was du siehst, gehört dir!«

»Wer bist du?«, fragte Psyche. »Ich kann dich nicht sehen.«

»Ich bin dein Diener, und hier im Palast sind noch viele andere. Wir sind Geister. Du sollst nur Wünsche äußern – wir werden sie alle erfüllen.«

»Wirklich alle?«

»Alle! Außer einem: Du darfst nicht zurück.«

»Darf ich meinen Vater und meine Schwestern sehen?«

»Natürlich. Schau in den großen Spiegel an der Wand.«

Psyche sah ihren Vater und die Schwestern traurig in ihrem Palast sitzen.

»Darf ich ihnen sagen, dass es mir gut geht?«

»Du darfst. Aber sie werden deine Stimme nur in ihren Gedanken hören.«

»Wo ist der Geist, den ich heiraten soll? Ist er wirklich ein böser Geist? Wann werde ich ihn sehen?«

»Er ist kein böser Geist. Das Orakel hat sich geirrt. Er ist gut.«

»Ein guter Geist?«

»Ein sehr guter!«

»Wann kommt er zu mir? Wann kann ich ihn sehen?«

»Er kommt heute Nacht, wenn du schläfst. Er wird sich zu dir ins Bett legen und dich lieben. Aber du darfst ihn nicht sehen. Menschen dürfen Geister nicht sehen. Damit musst du dich abfinden.«

»Das wird aber sehr schwer sein, seinen eigenen Mann nicht sehen zu dürfen.«
»Das ist eine Anordnung von Zeus. Du bist eine Sterbliche. Du darfst nicht wissen, wer der Geist ist.«
»Das ist aber traurig.«

Es war tief in der Nacht, als Psyche einen Mann im Bett neben sich fühlte. Es war Gott Amor in menschlicher Gestalt. Er streichelte und küsste sie. Und auch sie streichelte und küsste ihn.
Es war ganz finster.
»Lass mich dich sehen, Geliebter«, bat sie.
»Das darf niemals geschehen«, antwortete er.

So vergingen Wochen. Nachts war Psyche sehr glücklich. Aber tagsüber fühlte sie sich einsam und allein. Ihr war langweilig.
Sie fragte ihren Mann, als er nachts neben ihr lag, ob sie nicht ihre Schwestern einladen dürfe.
»Ich habe nichts dagegen, sie sollen kommen«, sagte er. »Sie sollen, wie du, auf den Gipfel des Atonbergs steigen. Ein Wind wird sie herbringen.«
So geschah es auch. Als die beiden Schwestern sahen, wie herrlich Psyches Palast war, wurden sie neidisch.
»Wer ist dein Mann?«, fragten sie. »Wie sieht er aus? Er muss ein mächtiger Geist sein, wenn er dir solch einen Palast schenkt.«
»Ich weiß nicht, wer er ist. Ich habe ihn nie gesehen. Er kommt nur nachts zu mir, wenn es stockdunkel ist und ich schlafe. Ich erwache von seinen Küssen. Wir reden miteinander und lieben uns. Aber er sagt, ich darf ihn nicht sehen und nicht wissen, wer er ist.«
»Und das lässt du dir gefallen?«
»Was bleibt mir übrig? Natürlich möchte ich ihn sehen, aber ich weiß nicht, wie ich es anstellen soll.«
»Ganz einfach: Bleib heute Nacht heimlich wach. Wenn er tief schläft, zündest du ein Licht an, dann kannst du ihn sehen!«
»Nein, lieber nicht.«
Enttäuscht ließen sich die Schwestern von dem Wind nach Hause tragen. Aber nach einer Woche kamen sie wieder. Sie bedrängten ihre Schwester: »Du musst ihn sehen! Du musst ihn unbedingt sehen!«
Hin- und hergerissen entschloss sich Psyche schließlich, ihren Mann heimlich zu betrachten.

Nachts, als er schlief, zündete sie eine Kerze an.
Im Schein des Lichtes sah sie ihn und war überwältigt von seiner Schönheit. Sie erkannte Amor, den Liebesgott.
Die Kerze zitterte in ihrer Hand, und ein Tropfen Wachs fiel auf Amors Gesicht.
Er wurde wach. Sein Geheimnis war gelüftet. Er musste fliehen. Amor löste sich in Luft auf und verschwand.
Psyche war untröstlich. Sie suchte ihn überall, aber sie konnte ihn nirgends finden.
»Amor, wo bist du, mein Geliebter?«
Sie bekam keine Antwort.
Sie brachte allen Göttern Opfer. Sie flehte Hera an: »Hilf mir, große Göttin der Familie. Hilf mir, meinen Mann zu finden.«

Hera schwieg sehr lange. Aber irgendwann erbarmte sie sich. »Geh zu Aphrodite, nur sie kann dir helfen!«, sagte sie und zeigte Psyche den Weg zu Aphrodites Palast.
»Du traust dich, ohne meine Erlaubnis meinen Sohn Amor zu treffen?«, sagte Aphrodite zu ihr. »Wie konntest du es wagen, dich ihm zu nähern?«
»Er hat mich ausgewählt, Mutter.«
»Sag nicht Mutter zu mir! Ich bin nicht deine Mutter!«
»Er hat mich ausgewählt, Schwiegermutter!«
»Nenn mich nicht Schwiegermutter!«
»Wie soll ich dich nennen, große Göttin? Ich trage ein Kind deines Sohnes in meinem Leib. Du wirst seine Großmutter sein.«
»Ich – Großmutter?« Aphrodite, die Göttin der Liebe, war entsetzt. Sie stellte sich vor, wie das Kind hinter ihr herlief und schrie: »Oma! Oma!«
»Ich? Oma?« Sie musste sich sehr zusammennehmen.
Dann sagte sie schroff: »Du musst mir dienen. Ich will sehen, ob du meinen Sohn verdienst.«
Aphrodite führte Psyche in einen Raum und deutete auf einen großen Haufen gemischter Körner.
»Bis heute Abend musst du sie sortiert haben. Gerstenkörner in die erste Ecke, Maiskörner in die zweite, Reiskörner in die dritte und Sesamkörner in die vierte Ecke. Beeile dich!«
Die Göttin dachte, diese Aufgabe sei nicht zu lösen. Aber Amor schickte Psyche tausende von Ameisen zu Hilfe. Nach einigen Stunden waren die Körner sortiert, fein säuberlich in vier Haufen.
Aphrodite war sehr erstaunt, aber sie hatte eine neue Aufgabe für Psyche: »Hinter meinem Palast grast eine Herde Schafe. Es sind keine

gewöhnlichen Schafe. Es sind Menschenfresser! Aber ihre Wolle ist die schönste der Welt. Bis heute Abend musst du sie geschoren haben und mir die Wolle bringen.«

Wie sollte Psyche die Schafe scheren, ohne gefressen zu werden?

Sie überlegte angestrengt, als ein silbergrauer Vogel auf ihrer Schulter landete und ihr ins Ohr flüsterte: »Keine Angst, mittags, wenn die Sonne hoch steht, schlafen die Schafe tief und fest. Dann kannst du sie gefahrlos scheren. Sie werden erst am Abend wieder wach.«

So machte es Psyche, und Aphrodite bekam ihre Wolle.

Die Göttin dachte lange nach, um eine noch schwierigere Aufgabe zu finden. Schließlich sagte sie zu Psyche: »Gehe in die Unterwelt, wo meine Freundin Persephone, die Frau des Gottes Hades, auf dich wartet. Sie wird dir einen Krug voll Schönheit geben. Ich brauche diesen Krug! Bring ihn mir!«

Psyche erschrak. Sie kannte das göttliche Gesetz. Kein lebender Mensch durfte die Unterwelt, das Reich der toten Seelen, betreten.
Das ist mein Tod, dachte sie. Aphrodite will, dass ich sterbe.
Sie wollte sich vom Turm des Palastes stürzen, damit alles ein Ende hatte. Da kam der silbergraue Vogel wieder angeflogen und setzte sich auf ihre Schulter.
»Was hast du vor, Psyche? Warum willst du sterben? Denk an das Kind, das du trägst! Denk an deinen Mann!«
»Er hat mich verlassen. Ich kann ihn nirgendwo finden. Ohne ihn will ich nicht mehr leben. Und diese neue Aufgabe kann ich niemals erfüllen.«
»Doch! Du schaffst es. Ich werde dir helfen! Und deinen Mann wirst du auch bald finden!«
»Du willst mir helfen? Du? Ein Vogel?«
»Ich bin ein besonderer Vogel. Hast du es nicht gemerkt? Folge mir, und ich werde dir einen ungefährlichen Weg in die Unterwelt zeigen. Du musst aber drei Dinge mitnehmen. Sie sind sehr wichtig. Eine Öllampe, damit du Licht hast und den Weg sehen kannst. Zwei Goldstücke für Charon, den Fährmann, der mit seinem Kahn die toten Seelen über den heiligen Fluss Styx bringt. Jede Überfahrt kostet ein Goldstück. Dann brauchst du noch einen großen Korb voll Kuchen für Zerberus, den schwarzen Hund, der den Eingang zur Hölle bewacht. Weil er drei Köpfe hat, musst du für jeden Kopf mindestens ein Stück Kuchen haben. Zerberus stirbt für etwas Süßes. Sonst kriegt der Höllenhund nur Fleisch und Knochen. Du musst ihm zweimal Kuchen geben, um ihn zu besänftigen: einmal beim Hinein- und einmal beim Hinausgehen. Wenn du

den Krug voll Schönheit bekommst, öffne ihn nicht. Es ist möglich, dass die Sache mit dem Krug eine Falle ist. Du bist so schön, dass sogar Aphrodite dich beneidet. Und zieh dir feste Schuhe an! Der Weg zur Unterwelt ist steinig. Warte morgen früh an dieser Stelle auf mich.
Ich werde dich führen!«

Psyche schlief schlecht in dieser Nacht.
Aber am nächsten Morgen war sie rechtzeitig zur Stelle. Sie hatte alles dabei.
Der silbergraue Vogel wartete schon.
Der Weg zur Unterwelt führte in eine tiefe Schlucht des Atonberges.
Über einen schmalen Pfad kamen sie in eine Höhle. Es wurde dunkel.
Psyche musste die Öllampe anzünden.
Die Höhle endete in einem Tunnel, der steil nach unten führte.
»Das ist der Weg«, sagte der Vogel. »Hier muss ich mich von dir verabschieden. Gehe ohne Angst hinein.«
Lange, sehr lange musste Psyche durch den dunklen Tunnel gehen. Es war feucht und glitschig. An ihr vorbei huschten immer wieder die Schatten der Verstorbenen. Sie leuchteten in einem blau schimmernden Licht.
Plötzlich endete der Tunnel, und eine große Höhle tat sich auf. Dort lag Zerberus, der schwarze dreiköpfige Höllenhund. Er knurrte böse und fletschte die Zähne, als er Psyche sah. Er witterte, dass sie lebendig war. Nur die Schatten der Toten ließ er unbehelligt an sich vorbei. Als sie einen weiteren Schritt machte, sprang er drohend auf.
Jetzt holte Psyche drei große Stücke Kuchen aus ihrem Korb und warf

sie dem Hund hin. Jedes Maul schnappte sofort nach einem Stück und begann genüsslich zu kauen.
Psyche konnte schnell an ihm vorbeilaufen.
Sie kam erneut in einen langen Tunnel, der an einem breiten, unterirdischen Fluss endete.
Das ist die heilige Styx, dachte Psyche. Jetzt muss ich Charon und seinen Kahn suchen.
Bald sah sie einen schmutzigen alten Mann, der die Schatten der Verstorbenen grob in seinen Kahn stieß. Die goldenen Münzen, die er von jeder Seele verlangte, warf er in einen Ledersack.
Als der alte Charon Psyche sah, blieb er wie angewurzelt stehen. Er unterbrach seine Arbeit, nahm seine schmutzige Mütze ab und verbeugte sich. Er fragte ehrfürchtig: »Bist du die Göttin Aphrodite?«
»Nein. Aber ich werde bald ihre Schwiegertochter sein. Ich bin Psyche. Ich bin hier, weil ich etwas für Aphrodite erledigen muss.«

»Du willst in den Hades? Dann steig bitte ein.«
Er reichte ihr höflich die Hand.
Psyche wollte ihm das Goldstück geben.
»Du brauchst nicht zu bezahlen. Dass ich dich anschauen darf, ist schon Lohn genug.«
So kam Psyche in den Hades, die Unterwelt.
Persephone wartete schon mit dem Krug auf sie.
»Hier ist der Krug voll Schönheit, den Aphrodite haben will. Öffne ihn nicht. Ich wünsche dir viel Glück. Und grüße Amor von mir!«
»Ich weiß nicht, wo er ist. Ich kann ihn nirgends finden.«
»Du wirst ihn sicher bald wieder sehen, wenn Aphrodite besänftigt ist.«
Mit dem Krug in den Händen ging Psyche den Weg zurück. Charon wollte wieder kein Geld annehmen, es genügte ihm, die schöne Psyche zu betrachten. Zerberus wedelte friedlich mit dem Schwanz, als er sie sah. Seine drei Nasen hatten den Kuchen schon gewittert. Er fraß ihn wieder voller Genuss, und Psyche konnte unbehelligt an ihm vorbeihuschen.
Der Weg hinaus war wie der Weg hinein. Psyche hatte keine Angst mehr. Sie hatte ihre Aufgabe erfüllt.
Aber dann wurde sie übermütig. Die Neugier hatte sie gepackt.
Ich werde den Krug öffnen und heimlich einen Schluck Schönheit trinken, beschloss sie. Einen ganz kleinen Schluck. Keiner wird es merken.
Sie wusste nicht, dass sie getäuscht wurde. Der Krug war nicht mit Schönheit gefüllt, sondern mit einem tödlichen Schlaf.
Nachdem sie den Krug geöffnet und einen Schluck getrunken hatte, fiel sie bewusstlos zu Boden.

Laut kreischend flog der silbergraue Vogel davon. Er hatte die ganze Zeit auf Psyche gewartet.
Es war Gott Amor.
Amor flog sofort zu Zeus auf den Olymp.
»Vater Zeus, nur du kannst mir helfen. Ich habe mich unsterblich in ein Menschenkind verliebt.«
An diesem Tag war Zeus guter Laune. Er lachte milde und sagte: »Wir alle verlieben uns immer unsterblich, mein Sohn, weil wir eben Götter sind.«
»Sie bekommt ein Kind von mir.«
»Das freut mich. Dann wird meine Tochter, die Göttin der Liebe, bald Großmutter sein. Oh, wie schön! Die Göttin der Liebe als Großmutter!« Er lachte vergnügt.
»Sie will aber nicht Großmutter werden. Auf keinen Fall.«
»Aber warum denn nicht? Ich bin mehr als hundertmal Großvater geworden und freue mich immer wieder darüber.«
»Sie fühlt sich zu jung. Sie ist sehr eitel!«
»Ich werde mit ihr reden. Nach vielen tausenden von Jahren ist es höchste Zeit, dass sie Großmutter wird. Sei unbesorgt!«
»Vater Zeus, ich will Psyche nicht verlieren. Erlaube, dass sie bei mir bleibt. Erlaube, dass ich sie hierher bringe! Gib uns deinen Segen.«
»Schon erlaubt!«, sagte Zeus. »Wo ist deine geliebte Psyche?«
»Sie liegt, von einem tödlichen Schlaf befallen, am Boden, nicht weit von Aphrodites Palast entfernt.«
»Ich schaue nach«, sagte Zeus. »Ja, ich sehe sie. Sie ist wunderschön.«

»Darf ich sie hierher holen?«

»Das tue ich selbst.«

Zeus erhob seine rechte Hand und zeigte mit dem Finger in die Richtung, wo Psyche lag. Blitze bildeten eine leuchtende Straße. Da erhob sich Psyches Körper in die Luft, flog und landete vor Zeus' Füßen.

Zeus erweckte sie zum Leben.

»So eine Schönheit darf niemals sterben!«, sagte er. »Ich schenke dir die Unsterblichkeit! Liebt euch und vermehrt euch. Ihr habt meinen Segen.«

Alle Götter feierten die Hochzeit von Amor und Psyche. Aphrodite musste mitfeiern.

Psyche und Amor hatten viele Kinder, viele kleine Amors, die verspielt und lustig durch die ganze Welt flogen und Liebe verbreiteten. Das ist bis heute so. Denn es ist ein göttliches Gesetz: Wenn Amor dich küsst, dann musst du dich verlieben.

Und Aphrodite?

Aphrodite war auch glücklich mit den vielen Enkelkindern, die ihr bei der Arbeit behilflich waren.

Sie blieb die jüngste und schönste Großmutter des Universums.

Die Styx und die Ferse des Achill

Die Styx war der wirbelnde unterirdische Fluss, der die Unterwelt dreimal umkreiste.
Sogar die Götter des Olymp hatten Respekt vor ihren Zauberkräften.
Wenn ein Gott jemandem ein Versprechen gab und sagte: »Ich schwöre bei der Styx!«, dann musste er sein Versprechen unbedingt halten.
Brach er seinen Schwur, folgte eine furchtbare Strafe. Sie kam aus der Zauberkraft des Flusses. Die Styx versteinerte den Gott und verbannte ihn für neun Jahre vom Olymp. Er wurde aus der Gemeinschaft der Götter ausgestoßen.

Die Mutter von Achill, die Meeresgöttin Thetis, war eine Tochter des Nereus, eines Meeresgottes, der noch älter als Poseidon war. Sie kannte viele göttliche Geheimnisse. Zum Beispiel, dass das Wasser der Styx den menschlichen Körper unverletzbar machte.
Nachdem Thetis König Peleus geheiratet und einen sterblichen Sohn, Achill, bekommen hatte, wollte sie das Kind unverletzbar machen.
»Dann kann ihm nichts geschehen«, sagte sie sich. Und als Achill ein Jahr alt wurde, nahm sie ihn auf den Arm und machte sich auf den Weg in die Unterwelt. An der Styx angekommen, fasste sie das nackte Kind am

rechten Fuß und tauchte es kopfüber ins Wasser: einmal, zweimal, dreimal. So wurde Achills Körper eisenstark und für jede erdenkliche Waffe auf ewig unverletzbar – bis auf eine Stelle. Das war die Ferse, an der die Göttin das Kind festgehalten hatte.
Achill wurde später ein großer Krieger.
Im Trojanischen Krieg war er der Schrecken der Trojaner. Alle nannten ihn den mordenden Achill. Er selbst blieb unversehrt. Pfeile und Speere prallten an ihm ab. Schwerthiebe konnten ihm nichts anhaben.
Er kämpfte immer in der ersten Reihe. Sein Ruhm verbreitete sich über die ganze Welt.
»Achill ist nicht zu besiegen! Achill ist der Größte!«, sagten die Menschen.
Aber irgendwann hatten die Götter Achills Morden satt. Sie beschlossen, ihn zu töten.
Gott Apollon persönlich lenkte den Pfeil, den der Prinz Paris in die Ferse des Achill schoss – dessen einzig verletzbare Stelle. Der Pfeil durchbohrte die Ferse, und Achill verblutete.

Wir sprechen noch heute von der Achillesferse, wenn ein Mensch eine besonders schwache Stelle hat.

Der Zankapfel

Als die wunderschöne Meeresgöttin Thetis den König Peleus heiratete, lud sie zu ihrer Prunkhochzeit alle olympischen Götter ein. Nur die Göttin Eris hatte sie absichtlich übergangen. Eris war nämlich die Göttin, die Zank und Streit verursachte.
Eris ärgerte sich. »Na wartet, ihr werdet was erleben!«, schimpfte sie.
Als alte, gebrechliche Frau verkleidet, kam sie heimlich zum Fest. Sie setzte sich an das Ende des Tisches und überlegte, wie sie einen Streit anzetteln konnte.
Sie schaute sich die vielen Göttinnen an, die an der Tafel saßen. Plötzlich hatte sie eine Idee. Sie zauberte einen goldenen Apfel mit der Aufschrift »Für die schönste Frau an der Tafel« und ließ ihn auf dem Tisch entlangrollen.
Drei Göttinnen, Hera, Pallas Athene und Aphrodite, streckten gleichzeitig ihre Hände danach aus.
»Der Apfel gehört mir!«, sagte Aphrodite.
»Nein, es ist mein Apfel«, meinte Hera und erklärte: »Die Schönste bin ich. Sonst hätte Zeus mich nicht geheiratet.«
»Aber ich bitte dich«, beharrte Aphrodite. »Die Schönste bin ich. Ich bin schließlich die Göttin der Liebe.«

»Meine Lieben«, sagte Pallas Athene zu den beiden, »stellen wir uns alle drei vor einen Spiegel. Dann werdet ihr beide zugeben müssen, dass ich die Schönste bin!«
Die drei Göttinnen stritten immer lauter. Weil sie sich nicht einigen konnten, wandten sie sich an einen wunderschönen jungen Mann, der ihnen gegenübersaß.
Das war der Königssohn Paris.
»Du, schöner Jüngling«, rief Hera, »sei der Schiedsrichter. Entscheide, wer von uns dreien die Schönste ist. Sie soll aus deiner Hand den goldenen Apfel erhalten.«
»Ja«, sagten auch Pallas Athene und Aphrodite, »entscheide du, und wir werden uns deinem Schiedsspruch beugen.«

Lange betrachtete Paris die drei Göttinnen. Alle drei waren göttlich schön. Er war nicht in der Lage zu sagen, welche die Schönste war. Er überlegte noch verwirrt, als er eine leise Stimme hörte: »Paris, ich bin Hera. Gib mir den Apfel, und ich mache dich zum mächtigsten Herrscher der Welt!«
Gleich darauf vernahm er die flüsternde Stimme der Pallas Athene: »Wenn du den Apfel mir gibst, wirst du der klügste Mann der Welt und für immer unbesiegbar sein! Ich bin Pallas Athene, die Göttin der Weisheit und des Sieges!«
Aber auch Aphrodite flüsterte ihm heimlich etwas zu: »Gibst du mir den Apfel, wirst du durch mich die schönste Frau der Welt gewinnen!«
Jetzt überlegte Paris nicht mehr lange. Er gab den Apfel Aphrodite. Verbittert verließen Hera und Pallas Athene das Hochzeitsfest.
Aphrodite feierte weiter – mit dem goldenen Apfel in der Hand.
Nun war aber die schönste Frau der Welt, die schöne Helena, bereits vergeben – sie war mit König Menelaos von Sparta verheiratet. Paris musste sie überreden, Menelaos zu verlassen und mit ihm nach Troja zu fliehen. Das tat Helena, denn Aphrodite hatte ihr bedingungslose Liebe zu Paris eingehaucht.
Die Entführung der schönen Helena war der Grund für den Trojanischen Krieg.

Auch der Zankapfel aus dieser Geschichte ist sprichwörtlich geworden. Wenn Menschen immer wieder über etwas streiten, sagt man: Das ist der Zankapfel.

Das Trojanische Pferd

Zehn Jahre dauerte der Trojanische Krieg. Die Griechen hatten ein riesengroßes Heer gegen Troja auf die Beine gestellt.
König Menelaos führte mit fünfzig Schiffen zweitausend Krieger an. Sein Bruder Agamemnon, König von Mykene, brachte hundert Schiffe und viertausend Krieger mit. Odysseus war mit zwölf Kriegsschiffen und fünfhundert Mann dabei. Noch mehrere dutzend Könige nahmen mit ihren Flotten teil. In der damaligen Zeit bestand eine Flotte aus Segelschiffen, Einmastern, die vierzig Mann Besatzung hatten. Vierundzwanzig davon waren Ruderer. Die Bucht vor Troja füllte sich mit Kriegsschiffen, so weit das Auge reichte.
Aber die Griechen konnten Troja nicht bezwingen. Einmal sah es sogar so aus, als ob die Trojaner die Oberhand gewinnen würden.
Jeden Tag lieferten sich Trojaner und Griechen Gefechte. Sehr oft waren es Zweikämpfe: Ein griechischer Held kämpfte gegen einen trojanischen Helden. So verloren viele edle Männer ihr Leben: der tapfere Hektor, der starke Achill, der kluge Patroklos, der schnelle Aias und noch viele andere mehr. Die Helden wurden langsam müde.
Immer wieder und wieder versuchte das griechische Heer, Troja im Sturm zu erobern. Und immer vergeblich. Hoch war die Stadtmauer

Trojas. Die Stadttore waren so stark, dass kein griechisches Kriegsgerät sie zertrümmern konnte.
Nach zehn Jahren wollten die Griechen die Belagerung aufgeben. Troja, dachten viele Krieger, ist nicht zu besiegen.
Die Rückkehr war schon fast beschlossen, als Odysseus alle griechischen Könige zu einem festlichen Essen einlud.
Er hatte dafür einen triftigen Grund. Göttin Pallas Athene war ihm nachts erschienen. Sie hatte ihm im Traum gesagt: »Benutze deinen Verstand, um Troja zu besiegen, nicht nur dein Schwert. Der Verstand ist eine viel stärkere Waffe als die rohe Gewalt, schlauer Odysseus. Hast du das vergessen?«
Nachdem die Könige ausgiebig gegessen und getrunken hatten, erhob sich Odysseus und sprach: »Freunde, wir kämpfen und kämpfen, aber Troja fällt nicht. Unsere Helden sterben tapfer im Kampf, einer nach dem anderen! Jeden Tag verbrennen wir einen Helden! Den starken Achill, den schnellen Aias, den klugen Patroklos, ich kann nicht alle edlen Männer aufzählen. Die Heimat ist weit weg! Meine treue Gattin Penelope schickte vor kurzem wieder einen Boten zu mir. Sie fragt in ihrem Brief: ›Wann kommst du endlich heim, mein Gemahl? Dein Sohn, den du als Baby zum letzten Mal gesehen hast, ist jetzt ein Jugendlicher, bald ein Mann. Bitte komm – wir brauchen dich!‹ Ich frage euch, oh große Könige, was soll ich ihr antworten? Soll ich ihr schreiben: ›Ich komme nach zehn Jahren Kampf ohne Sieg und ohne Kriegsbeute zurück‹? Nein, das kann ich nicht!«
Alle schwiegen grimmig.
»Nein, das kann ich nicht, und ich will es nicht!«, fuhr Odysseus fort.

»Ich will endlich siegen! Wir müssen diese Stadt besiegen, weil wir so lange gekämpft haben! Troja ist voller Gold und unermesslicher Schätze. Wir werden es erobern und uns die Schätze teilen! Das sind wir unseren Toten schuldig!«

Alle wurden nachdenklich. Einige murmelten: »Das wollen wir auch, Odysseus! Leider gelingt es uns nicht!«

»Es gelingt nicht mit roher Gewalt. Aber wir können Troja mit List erobern. ›Benutze deinen Verstand!‹, hat die Göttin Pallas Athene mir im Traum gesagt.«

Alle spitzten die Ohren. »Was schlägst du vor?«

»Ich habe eine Idee! Wir werden ein Pferd aus Holz bauen. Ein sehr, sehr großes Pferd. Zehn Schritte hoch oder sogar noch höher. Die Besten unserer Krieger werden sich heimlich im Bauch des Pferdes verstekken. Dann werden wir in einem Schreiben den Krieg als beendet erklären. Wir werden die Trojaner bitten, das Pferd als Geschenk und Entschuldigung anzunehmen.«

»Und was, meinst du, wird weiter geschehen?«

»Die Trojaner werden das Pferd in die Stadt bringen. Sie werden sich freuen und feiern. Und dann, Freunde, nachts, wenn sie betrunken auf dem Marktplatz liegen, werden unsere Krieger aus dem Pferdebauch herausklettern und die Stadttore öffnen. Dann fällt Troja wie ein überreifer Apfel in unsere Hände.«

»Der Plan ist gut! Aber ob er auch gelingt?«

»Wir werden unseren Seher Kalchas fragen. Er soll uns beraten.«

Alle waren mit dem Vorschlag einverstanden.

Kalchas, der berühmte Seher der griechischen Armee, brauchte mehrere

Tage, bis er sein Urteil abgab. Wie immer beobachtete er den Vogel am Himmel und betete zu den Göttern des Olymp.

Nach einer Woche sagte er: »Wir bauen das Pferd! Die Götter sind mit uns!«

Epeos, ein erfahrener Schiffsbauer, wurde mit der Arbeit beauftragt. Er rief die besten Zimmermänner der griechischen Flotte zusammen und machte sich mit ihnen ans Werk.

Sie vereinbarten strengste Geheimhaltung. Dann schafften sie das beste Holz aus den umliegenden Wäldern herbei. Das Pferd sollte wunderschön werden. Pallas Athene half ihnen bei der Arbeit.

Einige Wochen später war das Holzpferd fertig. Alle bewunderten es. Odysseus frohlockte: »Ich bin mir sicher, oh große Könige: Nach dem Fall Trojas wird das Trojanische Pferd in die Geschichte eingehen. Die ganze Welt wird unsere List bewundern. Auch nach tausend Jahren wird man noch darüber sprechen.«

Das Pferd wurde auf einer Holzplattform mit vier Rädern gebaut. Eine Geheimtür, die sich nur von innen öffnen ließ, führte in seinen Bauch.

Es war eine dunkle, geheimnisvolle Nacht. Auch die Götter schliefen. Odysseus selbst, zusammen mit dreißig seiner besten Krieger, versteckte sich heimlich im Bauch des Pferdes.

Alle Schwerter und Pfeile waren in Schafwolle und Schaffelle eingewikkelt. Nichts durfte klappern. Die Krieger mussten mucksmäuschenstill sein. Die Geheimtür wurde geschlossen. Im Bauch des Pferdes war es so finster wie draußen, wo weder Mond noch Sterne leuchteten. Auch die Himmelskörper schlossen die Augen vor der Gemeinheit, die Odysseus vorbereitet hatte. Es sah so aus, als ob die ganze Welt dagegen wäre. Nur die dunklen Kräfte der Nacht und des Todes schienen die Griechen zu unterstützen.

Auf dem Schlachtfeld bauten die Könige ihre Zelte ab. Die ganze Armee zog sich zurück. Die Krieger segelten ins offene Meer hinaus. Dann aber machten sie heimlich kehrt und ankerten in einer Bucht. Nur das hölzerne Pferd stand auf dem Schlachtfeld vor Trojas Mauer.
»Auch ein Seufzen kann uns verraten«, warnte Odysseus seine Krieger.
»Dann sind wir alle tot. Darum seid still!«
Alle waren so still, dass jeder seinen Herzschlag hören konnte.

Die Trojaner trauten ihren Augen nicht, als die Morgenröte kam.

»Die Griechen sind weg!«, riefen sie einander zu. »Sie haben aufgegeben!«
Aber die Innereien der Opfertiere gaben kein gutes Zeichen, was die Priester sehr beunruhigte. Was konnte das bedeuten?, fragten sie sich und wussten keine Antwort.
Um sicher zu sein, dass die Griechen die Belagerung wirklich aufgegeben hatten, schickte König Priamos von Troja Kundschafter in alle Richtungen aus. Sie kamen zurück und berichteten: »Kein Grieche ist in der Nähe der Stadt zu sehen. Nur ein großes Holzpferd steht vor dem Stadttor. Wir haben eine Botschaft bei dem Pferd gefunden. Hier ist sie.«
Der König las: »An König Priamos. Wir geben auf, weil die Götter auf eurer Seite stehen. Der Krieg ist damit zu Ende. Als Zeichen der Versöhnung schenken wir euch das hölzerne Pferd. Wir haben es euch zu Ehren das Trojanische Pferd genannt.«
König Priamos begab sich vor das Tor Trojas und betrachtete lange das hölzerne Pferd. Er befahl, es in die Stadt zu bringen und auf dem Marktplatz aufzustellen. Rundherum sollte ein großes Fest stattfinden.
Alle Trojaner kamen, um zu feiern. Ziegen, Lämmer, Gänse und Hühner wurden geschlachtet und gebraten. Viele Fässer Wein wurden geöffnet und getrunken.
Die leckeren Düfte drangen bis in das Innere des Pferdes vor, wo die griechischen Krieger mucksmäuschenstill, verschwitzt und hungrig dicht nebeneinander lagen. Das Wasser lief ihnen im Munde zusammen. Aber keiner gab auch nur einen Mucks von sich.
Die Trojaner gerieten in einen Freudentaumel. Endlich Frieden. Frauen und Kinder tanzten um das Pferd herum.

Nur ein Priester Poseidons, sein Name war Laokoon, war misstrauisch. Das Geschenk der Griechen kam ihm verdächtig vor, weil die Götter seine Opfergaben nicht angenommen hatten.
»Leute!«, rief er. »Verbrennt das Pferd, oder durchbohrt es mit euren Speeren.«
Aber keiner hörte auf ihn.
Begleitet von seinen zwei Söhnen, wollte er König Priamos warnen. Aber zwei riesengroße Schlangen, die Hera vom Himmel geschickt hatte, kreuzten ihren Weg und töteten alle drei.
Dieses furchtbare Ereignis haben später viele Künstler in Bildern und Plastiken dargestellt.

Mitten in der Nacht, als die Trojaner betrunken in tiefen Schlaf gefallen waren, schlichen die Griechen aus ihrem Versteck.
Odysseus öffnete die Stadttore. Die griechische Flotte war in der Dunkelheit zurückgekehrt. Nun strömten die Krieger in die Stadt und richteten ein furchtbares Gemetzel an.
Aber dann, von ihrem Sieg geblendet, begingen Odysseus' Krieger eine Todsünde. Sie töteten Menschen, die in einem Tempel von Pallas Athene Rettung gesucht hatten.
Die Götter des Olymp waren empört.
Sie beschlossen, alle Griechen auf ihrer Fahrt zurück in die Heimat zu vernichten.

Pallas Athene konnte ihren Schützling Odysseus vor dem sicheren Tod bewahren. Aber er musste zehn Jahre lang mit seinem Schiff auf dem Meer herumirren und leiden. So entstand die »Odyssee«, die Geschichte seiner Irrfahrten, die der große Dichter Homer geschrieben hat.

Der Wettstreit der Seher

Die alten Griechen glaubten fest daran, dass die Götter das Schicksal der Welt bestimmten.
»Die Götter«, sagten sie, »planen, was sich ereignen soll.«
Durch Seher konnte man erfahren, was in der Zukunft geschehen würde. So versuchte man, Unheil zu verhindern.
Darum gründeten die alten Griechen Orakelstätten. Das waren Tempel an heiligen Orten, wo Priester oder Priesterinnen lebten. Jeder konnte diese Stätten besuchen, Opfer bringen und Fragen über seine Zukunft stellen.
Das berühmteste war das Orakel von Delphi. Es wurde von Gaia, der Mutter Erde, gegründet. Eine riesige Schlange, ein Python, die ihr diente, bewachte den Eingang. So war es viele Jahre, bis Apollon, der Gott der Weissagung, die Schlange erschlug und sein eigenes Orakel an dieser heiligen Stätte gründete. Apollons Prophetin in Delphi war eine Frau, eine Priesterin, die sich Pythia nannte, in Erinnerung an den Python und Gaia, die erste Besitzerin. So hatte sich Apollon mit Gaia versöhnt.

Es gab auch Seher, die nicht an ein Orakel gebunden waren. Einer der berühmtesten war Kalchas.

Er war der offizielle Seher der griechischen Armee im Trojanischen Krieg. Er sah im Voraus, dass der Krieg erst nach zehn Jahren enden würde. Und mehr noch: Er sah seinen eigenen Tod voraus.
»Ich werde sterben, wenn ich einen Seher treffe, der besser ist als ich!«, pflegte er zu sagen und ging ohne Furcht in jede Schlacht, denn es gab keinen besseren Seher weit und breit.
So ging es viele Jahre lang, bis er in Kleinasien, in der Nähe der Stadt Kolophon, einem Mann begegnete, der behauptete, er sei ein besserer Seher.
Dieser Mann hieß Mopsos.

Nach zehn Jahren war der Trojanische Krieg zu Ende gegangen. Die Griechen wollten so schnell wie möglich heim. Ihre Schiffe waren mit Kriegsbeute beladen. Alle freuten sich, endlich nach Hause zu segeln. Aber dieser Mann – Mopsos – ging von Schiff zu Schiff und warnte die Krieger: »Griechen, geht zu Fuß nach Hause oder bleibt hier. Geht nicht an Bord. Die Götter haben die Flotte zum Untergang bestimmt. Viele dieser Schiffe werden sinken! Geht zu Fuß nach Hause!«
Es gab zu dieser Zeit – wie heute noch – auch falsche Propheten, Menschen, die sich mit falschen Prophezeiungen wichtig machen wollten.
Kalchas dachte, Mopsos sei so ein falscher Prophet.
»He, du«, rief er ihm zu, nachdem die Schiffe abgefahren waren und nur sehr wenige Griechen sich zu dem beschwerlichen Landweg entschlossen hatten. »Bist du wirklich ein Seher oder einer, der sich nur wichtig machen will?«

Mopsos antwortete: »Keines dieser Schiffe wird je seinen Heimathafen erreichen. Alle Krieger sind zum Tode verurteilt. Sie fahren ihrem Ende entgegen. Ich sehe es! Siehst du es nicht, großer Kalchas?«
»Nein! Ich sehe es nicht!«
»Dann bin ich ein besserer Seher als du!«
Kalchas erschrak, weil er wusste, dass sein Todestag gekommen war, wenn Mopsos Recht behielt.
»Lass uns einen Wettstreit machen«, schlug Kalchas vor. »Dann werden wir sehen, wer von uns beiden der bessere Seher ist.«
»Meinetwegen«, stimmte Mopsos zu, »wenn du es willst, machen wir einen Wettstreit!«
Kalchas schaute sich um, sah einen wilden Feigenbaum voll reifer Früchte und fragte: »Sag, wie viele Feigen trägt der Baum?«
»Nichts leichter als das. Es sind zweihundertneununddreißig.«

Sie begannen, die Feigen zu pflücken, und am Ende zählten sie.
Es waren genau zweihundertneununddreißig.
Eine hochschwangere Sau lag unter dem Baum.
Mopsos zeigte auf sie und sagte: »Jetzt bist du an der Reihe: Wann wird diese Sau ihre Ferkel gebären, und wie viele werden es sein?«
Kalchas antwortete: »Der Wurf kommt morgen Abend um sechs. Es werden acht Ferkel.«
»Du täuschst dich, Kalchas. Es werden neun.«
Jetzt warteten beide gespannt auf den nächsten Tag. Mit ihnen warteten alle Griechen, die die Warnung Mopsos' ernst genommen hatten und von Bord gegangen waren.
Am nächsten Abend, Punkt sechs Uhr, brachte die Sau ein Ferkel nach dem anderen zur Welt.
Alle zählten: eins, zwei, drei, vier, fünf, sechs, sieben, acht.
Die Sau lag erschöpft im Stroh.
Kalchas dachte: Ich bin gerettet! Er ist nicht besser als ich!
Und dann – dann kam das neunte Ferkel auf die Welt.
Kalchas fasste sich ans Herz.
Er fiel auf der Stelle tot um.
So starb einer der berühmtesten Seher der Antike, der seinen eigenen Tod vorausgesehen hatte.
Sein Grab liegt noch heute bei Kolophon.

Kassandra, die verfluchte Seherin

Eine andere berühmte Seherin des alten Griechenlands war Kassandra. Ihr Name hat Jahrtausende überlebt. Noch heute nennt man schreckliche Warnungen »Kassandrarufe«.
Wer war Kassandra? Lebte sie wirklich?
Kassandra war eine Prinzessin. Sie war die schönste und die klügste Tochter des König Priamos von Troja und seiner Frau Hekabe.
Sie war so schön, dass Gott Apollon, der Schönste aller Götter, sich unsterblich in sie verliebte, als er sie einmal vom Himmel aus sah. Ohne zu zögern, schwebte er zur Erde und stellte sich ihr in den Weg.
Plötzlich stand er da, in seiner ganzen Pracht, strahlend, in goldener Rüstung.
»Kassandra, schönste Prinzessin, ich liebe dich!«, sagte der schöne Gott mit mächtiger Stimme. »Sei meine Geliebte, unvergleichliche Prinzessin! Ich mache dich zur glücklichsten Frau der Welt. Wünsche dir, was du willst – ich gebe dir alles!«
Kassandra erschrak. Zu schön, zu groß und zu mächtig war Apollon.
»Oh, großer Herr«, sagte sie leise. »Du kommst so plötzlich und so gewaltig! Ich kann deine Liebe nicht erwidern. Ich kenne dich ja gar nicht!«

»Ich bin Gott Apollon, Kassandra! Hast du mich nicht erkannt? Komm, umarme mich! Ich liebe dich unsterblich!«
Kassandra wich zurück.
»Gott Apollon, ich fühle mich geschmeichelt und überwältigt. Aber ich bin nur ein Mensch.«
»Darüber sehen wir Götter hinweg!«
»Ich kann in deinen Tempel kommen und dir Opfer bringen. Ich kann dort zu dir beten. Ich kann dich verehren, und ich verehre dich sehr. Aber lieben – lieben kann ich dich nicht!«
»Warum denn nicht?«
»Schon deine Gegenwart erdrückt mich!«
»Soll ich aus Liebe zu dir sterben, Kassandra?«
»Gott Apollon, du kannst nicht sterben. Du bist ein Gott!«
»Ich sage es nur so, um dich zu überzeugen.«
»Bitte, lass mir Zeit. Das alles ist zu viel für mich!«
»Wünsche dir etwas, Kassandra, bevor ich wieder gehe! Du weißt, ich bin der Gott der Weissagung, aber auch der Gott der schönen Künste. Alle Musen sind mir untertan. Ich bin der Schutzheilige der Medizin, aber auch der Gott des Bogenschießens. Wünsch dir eine Gabe, und ich werde sie dir schenken!«
»Darf ich das wirklich?«
»Wünsche dir, was du willst!«
»Ohne jede Bedingung?«
»Ohne jede Bedingung!«
»Ich wünsche mir die Gabe der Weissagung.«
»Du sollst sie haben! Für immer. Bis zu deinem Lebensende.«

Apollon berührte Kassandras Stirn, und die junge Frau fühlte, wie eine göttliche Wärme ihren Körper durchströmte.
»Auf Wiedersehen, Kassandra. Auf Wiedersehen, Geliebte! Ich komme wieder.«

Jetzt hatte Prinzessin Kassandra die Gabe, in die Zukunft zu sehen.
Die Gabe brachte ihr aber keine Freude, wie sie gehofft hatte. Sie war eine schwere Last.
Kassandra sah, wie Unheil sich ihren Freunden näherte. Sie sah den kommenden Tod von Menschen, die gerade mit ihr redeten und lachten.
Sie wusste: Schon morgen werden sie tot sein, ermordet.
Verhindern konnte sie es nicht.
Das war schrecklich für sie. Ihr Leben hatte sich verändert. Sie war wie gelähmt.

Als Gott Apollon erneut vor sie trat und um sie warb, jagte sie ihn fort.
»Lass mich in Ruhe, und nimm deine Gabe zurück, Apollon! Ich liebe dich nicht, ich kann dich nicht lieben, und ich werde es niemals tun!«
Apollon wurde böse.
Donnernd kam seine Antwort: »Was gegeben ist, ist gegeben. Aber ich verfluche dich, Kassandra. Keiner wird deinen Prophezeiungen Glauben schenken!«

Dann löste er sich in Luft auf.
Und so geschah es.
Kassandra wurde die größte Seherin der Antike. Wenn sie das Unheil der Zukunft sah, redete sie wie in Trance. Sie sah im Voraus, dass das Trojanische Pferd Trojas Untergang bedeutete. Sie warnte das Volk, das hölzerne Pferd in die Stadt zu bringen. Aber keiner wollte ihr glauben. Sie bat um Gehör, sie warnte, sie schrie vor Verzweiflung, aber man lachte sie aus.
»Eine Verrückte!«, sagten die Leute.
Obwohl sie immer Recht behielt.
Man wusste es besser – aber erst hinterher.
So wurde die schönste Tochter des König Priamos von Troja und seiner Frau Hekabe eine der unglücklichsten Frauen ihrer Zeit.

Der Kyklop Polyphem

Die alten Griechen waren davon überzeugt, dass auf einer einsamen Insel einäugige Riesen lebten – Kyklopen, die die alten Römer Zyklopen nannten. Odysseus, sagten sie, hatte sie mit seinen eigenen Augen gesehen. Und sie erzählten die folgende Geschichte:

Nachdem Troja besiegt und geplündert worden war, segelte Odysseus mit seinem voll beladenen Schiff zurück nach Griechenland.
Plötzlich tobte ein schrecklicher Sturm.
Eisiger Wind mit der Stärke eines Orkans kam von Norden auf. Es begann in Strömen zu regnen. Riesige Wellen warfen das Schiff wie eine Nussschale hin und her.
Fünf Tage und Nächte dauerte der Sturm an. Dann schaukelte das Schiff vor einer unbekannten grünen Insel im Meer. Bäume spiegelten sich im kristallklaren Wasser. Weiße lange Strände erstreckten sich, wohin man blickte.
Das ist ein Geschenk des Himmels, dachte Odysseus erleichtert. Hier werden wir uns ausruhen.
»Anker werfen! Wir gehen an Land!«, befahl er seinen Leuten. »Wir machen Rast und suchen nach frischen Früchten und Wasser. Nehmt

Pfeil und Bogen mit. Hier gibt es sicher Wild. Holt ein Fass Wein aus dem Laderaum, damit wir etwas Gutes zum Trinken haben.«
Alle freuten sich und gingen an die Arbeit. Was keiner ahnte: Diese Insel war die berüchtigte Insel der schrecklichen Kyklopen. Das waren böse Riesen, die wie Menschen aussahen. Nur waren sie zwanzigmal so groß wie ein Mensch. Und noch etwas: Sie waren einäugig. Das Auge war so groß wie eine Wassermelone und saß ihnen mitten auf der Stirn.
Die Kyklopen waren Viehzüchter. Jeder besaß mehrere Rinder oder eine große Schafherde. Sie aßen ihre Tiere lebendig auf, weil sie primitiv waren und nicht kochen konnten.
Odysseus und seine

zwölf Männer kamen an den Strand und wollten es sich gerade bequem machen, als sie auf einmal merkten, dass sie zwischen zwei riesengroßen Beinen standen. Sie hoben die Köpfe und trauten ihren Augen nicht. Das konnte doch nicht wahr sein.
Oder – doch?
Sie hörten eine Stimme, laut wie ein Donnerschlag: »Guten Tag. Ihr seid Menschen, nicht wahr?«
»Jawohl!«, antwortete Odysseus. »Wir sind Menschen.«
»Lauter, bitte, lauter. Ich kann dich nicht hören.«
»Jaaaa, wir sind Menschen!«
»Das freut mich sehr. Menschen habe ich noch nie gesehen. Dass es euch gibt, habe ich nur gehört. Ich bin ein Kyklop. Oder Zyklop. Einige nennen uns Kyklopen, andere Zyklopen, mir ist das aber wurscht.«
Er schaute sie sehr neugierig mit seinem melonengroßen Auge an.
»Dass es Kyklopen gibt, haben wir auch nur gehört«, rief Odysseus zurück.
»Ich bin der berühmte Kyklop Polyphem. Mein Vater ist Poseidon. Und wer bist du?«
Odysseus überlegte: Sollte er seinen richtigen Namen nennen? Eine Vorahnung sagte ihm: besser nicht. Und weil ihm kein anderer falscher Name einfiel, antwortete er: »Ich bin niemand.«
»Wie bitte? Niemand?«
»Ja, niemand.«
»Es freut mich, dich kennen zu lernen, Niemand. Einen komischen Namen hast du. Ich habe nie gehört, dass jemand Niemand heißt. Das ist ja so, als wenn einer Keiner heißt. Sehr komisch.«

»Seinen Namen kann sich keiner aussuchen. Meine Eltern haben mich so genannt. Und keiner weiß, warum.«
Der Kyklop zeigte mit der Hand ringsum in alle Richtungen.
»Alles, was du hier siehst, Niemand, gehört mir. Alles hier ist mein Grund und Boden. Das heißt – ihr alle seid meine Gäste – ungebetene Gäste. Oder habe ich euch eingeladen?«
»Nein. Ein schrecklicher Sturm hat unser Schiff hierher getrieben.«
»Wenn das so ist – kommt mit mir. Ich muss meine Schafe melken.«
Odysseus befahl seinen Leuten:
»Nehmt das Fass Wein mit. Wir feiern unsere Rettung.«
Der Kyklop ging mit gewaltigen Schritten voran. Odysseus folgte. Seine Leute rollten das Fass hinterher.
Sie kamen in eine riesige Höhle, die durch unzählige Fackeln beleuchtet war.
Hunderte aufeinander gelegte Schaffelle bildeten in einer Ecke die Schlafstelle des Kyklopen. Daneben lagen mühlensteingroße Laiber Käse. Die dufteten herrlich.
Als alle drinnen waren, schritt der Kyklop zurück zum Eingang der Höhle. Er reckte seinen Kopf nach draußen und rief mit donnernder Stimme: »Määäh-määäh-määäh!«
Von weitem hörte man das zarte Blöken seiner Schafe: »Määäh-määäh-määäh ...«
Das Geblöke wurde immer lauter. Sehr bald strömten hunderte von Schafen in die Höhle. Prächtige weiße und schwarze Schafe. So eine Rasse hatten Odysseus und seine Leute noch nie gesehen. Sie dachten, es wäre toll, wenn sie dem Kyklopen einen Bock und einige Schafe

abkaufen könnten. Das wäre was. Diese Schafe hatten einen größeren Wert als ihre ganze Kriegsbeute zusammen.
Als die ganze Herde in der Höhle war, verschloss der Kyklop den Eingang, indem er einen riesigen Felsbrocken davorrollte.
Dann begann er, seine Schafe zu melken.
Er goss die Milch in einen riesengroßen Eimer. Nachdem der Eimer voll war, trank er alles mit einem einzigen Schluck aus. Schweigend melkte er weiter. Und trank den vollen Eimer leer – wieder und wieder, bis er laut rülpste.
»Genug. Jetzt bin ich fast satt.«
Dann wandte er sich an seine Gäste und fragte: »Habe ich euch gesagt, dass ich noch nie in meinem Leben einen Menschen getroffen habe?«
»Jawohl, das hast du«, rief Odysseus. »Das hast du gesagt.«
Der Kyklop meinte: »Das heißt, ich weiß überhaupt nicht, wie ihr schmeckt.«
Alle Griechen kriegten eine Gänsehaut. Das einzige Auge des Kyklopen leuchtete gierig.
»Das muss ich natürlich nachholen. Seid mir bitte nicht böse. Ich mache es schnell.«
Er streckte die rechte Hand aus, packte einen von Odysseus' Leuten und riss ihm die Kleidung vom Leib, als ob er eine Banane pellte. Der arme Mann schrie und wehrte sich. Es half ihm nichts. Der Kyklop biss ihm den Kopf ab und fraß ihn auf.
Er kaute lange, spuckte einige Knochen aus dem Mundwinkel, und am Ende meinte er zufrieden: »Gratuliere! Ihr schmeckt gut. Ich hätte nicht gedacht, dass ihr so gut schmeckt!«

Odysseus und der Rest seiner Truppe starrten ihn wie gelähmt an. Jeder konnte der Nächste sein.
Nach kurzem Überlegen sagte der Kyklop: »Ich habe Appetit bekommen.«
Er packte einen zweiten Griechen und riss ihm die Kleidung und den Kopf ab. Er fraß ihn langsam und genüsslich auf. Dann sagte er: »Ich bin ein Feinschmecker.«
Er wischte sich den Mund ab – und packte einen dritten, vierten, fünften, sechsten Griechen. Nach dem sechsten wandte er sich Odysseus zu: »Keine Angst. Jetzt bin ich richtig satt. So gut habe ich noch nie in meinem Leben gegessen. Menschen schmecken köstlich!«
Er machte es sich auf seiner Schlafstelle bequem.

Odysseus rief ihm ins Ohr: »Wenn du versprichst, mich nicht zu fressen, werde ich dir etwas Köstliches zum Trinken geben. Danach wirst du dich wie ein Gott auf dem Olymp fühlen.«

Der Kyklop fragte: »Wo ist dieses köstliche Getränk?«

»Hier, in diesem Fass, das wir dir als Gastgeschenk mitgebracht haben. Es ist Wein.«

»Wein? Habe ich noch nie probiert«, freute sich der Kyklop und fügte hinzu: »Ich habe aber davon gehört. Ich habe gehört, Wein ist das Getränk von Gott Dionysos. Es macht lustig, stimmt's?«

Der Kyklop packte das Fass mit beiden Händen, riss den Stöpsel mit den Zähnen heraus und trank gierig. Er machte eine kurze Pause und trank weiter. Von Zeit zu Zeit lachte er.

»Gott Dionysos hat sich ein tolles Getränk ausgedacht, Niemand. In meinem Kopf dreht sich alles. Ich möchte euch alle küssen! Meine Schafe will ich küssen! Niemand, ich glaube, ich werde gleich fliegen.«
Er trank das Fass leer und ließ es fallen. Dann schlief er ein.
»Schnell, weg von hier!«, flüsterte Odysseus seinen Kriegern zu.
Sie liefen zum Höhleneingang. Aber sie kamen nicht hinaus.
»Wir müssen den Felsbrocken wegrollen, Beeilung!«
Sie packten ihn von allen Seiten.
»Es geht nicht! Verdammt! Der Stein ist viel zu schwer!«
»Es muss gehen!«
»Es geht aber nicht!«
»Leiser! Sonst wird er wach!«
Sie versuchten es wieder und wieder. Ihre Hände kriegten blutige Wunden. Nein, aufgeben wollte keiner. Irgendwann sagte Odysseus: »Es ist aussichtslos. Wir schaffen es nicht. Nur der Kyklop hat die Kraft, den Felsbrocken zu bewegen. Wir sitzen in der Falle.«
»Morgen frisst er uns alle auf, Odysseus. Wie all die anderen!«
»Nein, das wird er nicht tun. Ich habe eine Idee!«
»Wie willst du uns retten? Töten oder besiegen können wir ihn nicht. Er ist viel zu groß und zu stark. Er kann jeden von uns mit zwei Fingern zerquetschen.«
»Wenn er ihn fangen kann«, entgegnete Odysseus.
»In dieser Höhle können wir uns nirgendwo verstecken.«
»Wir brauchen uns nicht zu verstecken, wenn er uns nicht sehen kann. Begreift ihr jetzt? Er hat nur ein Auge. Wir werden ihn blenden, und zwar sofort. Jetzt, während er schläft.«

Odysseus nahm eine der vielen brennenden Fackeln und schlich sich an den Kyklopen heran.
Mit all seinen Kräften stach er zu. Das Auge zerplatzte.
Schreiend griff sich der Kyklop an den Kopf.
»Mein Auge! Ich kann nichts mehr sehen! Mein Auge!«
Seine Hände waren voller Blut.
Schwankend tastete er sich zum Höhlenausgang, rollte den Felsbrocken zur Seite und brüllte mit aller Kraft: »Kyklopen, Brüder, könnt ihr mich hören?«
Von weitem, aus mehreren Richtungen, antworteten einige mächtige Stimmen: »Was gibt's, Polyphem?«

»Niemand hat mich geblendet!«
»Was sagst du? Wer hat dir was angetan?«
»Niemand! Niemand!«
»Warum schreist du dann so, wenn niemand dir etwas angetan hat?«
Er macht sich über uns lustig, der alte Spaßvogel!, dachten die Kyklopen und gingen weiter ihrer Arbeit nach.
Als Polyphem merkte, dass keiner ihm zu Hilfe kommen würde, rollte er den Felsbrocken vor den Ausgang zurück. Tastend versuchte er, die Griechen zu fangen. Vergeblich. Sie hatten sich zwischen seinen hunderten von Schafen versteckt.
Am nächsten Morgen musste der Kyklop seine Schafherde hinauslassen. Er wollte aber verhindern, dass die Griechen ihm entwischten. So rollte er den Felsbrocken nur ein wenig zur Seite und stellte sich mit gespreizten Beinen über die Öffnung.
Seine Schafe konnten jetzt nur einzeln hinauslaufen. Polyphem betastete jedes Tier an Kopf und Rücken, um sicher zu sein, dass kein Grieche sich hinausmogeln würde.
»Ich werde euch alle fangen und fressen«, murmelte er dabei. »Auch Niemand wird mir nicht entkommen!«
Odysseus überlegte fieberhaft: Die letzten Schritte zur Freiheit konnten auch die Schritte zu Thanatos, dem Tod, sein. Wie sollten er und seine Leute unversehrt zwischen den Beinen des Kyklopen aus der Höhle hinauskommen?
Odysseus beobachtete den Kyklopen sehr aufmerksam. Dann flüsterte er seinen Leuten zu: »Keine Angst. Wir sind bald draußen.«
»Wie denn? Das ist unmöglich!«

»Seid unbesorgt. Jeder klammert sich am Bauch eines Schafes fest und lässt sich darunter hängend aus der Höhle tragen. Wählt nur starke und große Tiere.«
Das taten sie, und das war ihre Rettung.
Als sie alle draußen waren, rief Odysseus dem Kyklopen zu: »Du hast uns nicht erwischt, Polyphem. Hier sind wir, hier! Und ich bin nicht Niemand, sondern Odysseus. Hast du gehört? Ich bin Odysseus!«
Dann eilten sie zu ihrem Schiff und segelten davon.

Ob die Kyklopen heute noch leben, weiß niemand.

Skylla, die wunderschöne Nymphe, die zum Ungeheuer wurde

Kirke war die mächtigste Zauberin der Antike. Vor ihr nahmen sich sogar die Götter in Acht.
Die schöne Zauberin lebte allein auf der einsamen Insel Aiaia. Ihr Palast war umgeben von einem herrlichen Garten voller Rosen, Blumen und Zauberkräutern.

Die Zauberin mochte die Menschen nicht. Jeder Schiffbrüchige, der auf ihrer Insel landete, wurde von ihr in ein Schwein verwandelt. Dieses Schicksal blieb nur Odysseus erspart, weil der Götterbote Hermes ihm ein Zauberkraut zu essen gab.
Aber einige von Odysseus' Kriegern hatte Kirke in Schweine verwandelt.
Odysseus war entsetzt, als seine Leute ihm davon berichteten.
»Warum hast du das getan?«, stellte er Kirke zur Rede.
»Weil ihr Menschen Schweine seid!«, antwortete sie. »Sogar schlimmer noch als sie, denn Schweine sind friedlicher als ihr. Warum führt ihr Kriege? Warum tötet ihr euch gegenseitig? Ist auf der Erde nicht Platz genug für euch alle? Warum kämpft ihr miteinander? Warum beleidigt ihr euch? Warum seid ihr so gierig nach Macht und Geld? Ich lebe hier

von Blumen umgeben, weil die Blumen die einzigen friedlichen Lebewesen auf der Erde sind. Sie tun niemandem etwas Böses.«

»Aber du tust auch Böses, wenn du Menschen in Schweine verwandelst«, empörte sich Odysseus.

»Nein, das ist nur gerecht«, erwiderte Kirke. Und dann erzählte sie Odysseus die Geschichte von Skylla.

Vor vielen Jahren war Kirke mit einer wunderschönen Nymphe befreundet: Skylla.

Skylla war so schön, dass alle Männer, die sie sahen, sich in sie verliebten.

Eines Tages verliebte sich auch ein gutmütiger Meeresgott in sie. Aber Skylla verschmähte ihn.

Der Meeresgott wurde traurig und schwermütig.

»Du darfst ihn nicht kränken«, sagte Kirke zu ihr. »Dass du ihn nicht liebst, ist deine Sache. Aber du darfst nicht über ihn lachen. Das beleidigt ihn.«

»Mir ist das egal!«, antwortete die schöne Skylla. »Er ist mir viel zu dick und zu wässrig.«

»Er sagt, er kann ohne dich nicht leben.«

»Dann soll er sich ertränken. Das wird sicher lustig sein. Einen ertrunkenen Meeresgott hat die Welt noch nicht gesehen!«, lachte die Nymphe und tauchte ab in die Tiefe des Meeres.

Es machte ihr Spaß, den verliebten Meeresgott mit ihrer Schönheit zu reizen und sich über ihn lustig zu machen.

Allmählich bemerkte Kirke, dass ihre Freundin Skylla ein Herz aus Stein hatte – und einen bösen Charakter.

»Freue dich, dass er in dich verliebt ist«, sagte Kirke immer wieder zu ihr. »Und vergiss nicht, dass deine Schönheit nicht dein Verdienst ist. Schönheit ist angeboren. Schönheit ist Zufall, eine Gabe der Natur. Niemand soll jemanden belächeln, der nicht schön ist. Sei nicht so überheblich.«

»Ich mache das, was ich will«, antwortete Skylla. »Versuche nicht, dich in mein Leben einzumischen!«

Da wurde die Zauberin Kirke böse.

»Deine Seele ist hässlich, Skylla«, rief sie. »Deshalb werde ich dein Äußeres deiner Seele anpassen. Damit jeder sehen kann, dass du einen bösen Charakter hast!«

Und sie verwandelte die Nymphe in ein hässliches Ungeheuer: eine riesengroße Spinne mit zwölf Füßen. Den dicken, schwarz behaarten Körper bestückte sie rundherum mit Hundeköpfen. Jeder Kopf hatte drei Reihen hässlicher gelber Zähne. Auch auf ihrem Hintern hat Kirke ihr einen Kopf verpasst. Und neben jedem Kopf zwei lange Füße. So musste die schöne Skylla von nun an als hässliches Ungeheuer leben. Das war Kirkes gerechte Strafe.

Die Insel der Sirenen

In der Antike gab es eine sagenumwobene Insel, vor der alle griechischen Seefahrer Angst hatten. Es war eine schwimmende Insel, das heißt, sie lag nicht an einer bestimmten Stelle im Meer, sondern bewegte sich irgendwo in der Nähe von Messina, einer Seestraße mit gefährlichen Strömungen.
Die Insel hieß Anthemoissa, was in altgriechischer Sprache »Die Insel der Blumen« bedeutet.
Alle Schiffe, die in die Nähe der Insel kamen, erlitten Schiffbruch. Sie zerschellten an den rauen Unterwasserfelsen. Man erzählte, dass die Seeleute selbst wie besessen ihrem Tod entgegenruderten. Obwohl hunderte von Wracks nahe der Insel zu sehen waren.
Warum taten sie das?
Der Grund war der bezaubernde Gesang der drei Sirenen.
Die Sirenen waren Fabelwesen: junge Frauen mit Vogelkörpern. Sie hatten leuchtende grüne Augen und wunderschöne Gesichter. Ihre weiße Haut schimmerte wie Silber, und über ihre nackten Brüste und Schultern fielen lange goldene Haare. Mit ihren bunten Flügeln konnten sie unbeweglich in der Luft schweben. Sie konnten zauberhaft singen.
Ihr Gesang raubte den Seeleuten den Verstand.

Sie hießen Leukosia, Ligeia und Parthenope.
Tag und Nacht saßen sie wie drei große Raubvögel auf einem hohen Felsen am Ufer der Insel und beobachteten das Meer. Wenn sie ein Schiff entdeckten, flogen sie empor und begannen sofort zu singen.
Die Seefahrer waren betört und ruderten ihnen hinterher, bis das Schiff zerschellte.
Es gab eine Prophezeiung, die besagte: Wenn es einer Schiffsbesatzung gelingt, an der Insel vorbeizurudern, ohne den Sirenen zu folgen, dann werden sich die Vogelgestalten ins Meer stürzen und für immer verschwinden.
Das gelang Odysseus. Nur Odysseus hat dem Zaubergesang der Sirenen gelauscht, ohne dabei zu sterben.
Diese Geschichte ereignete sich so:

Auf seiner zehnjährigen Irrfahrt verbrachte Odysseus mehrere Jahre auf Aiaia, der Insel der schönen Zauberin Kirke. Als er endlich seine Fahrt nach Hause fortsetzen wollte, warnte ihn Kirke: »Auf deinem Weg musst du an der Insel der Sirenen vorbei. Ich gebe dir Bienenwachs. Verstopfe damit deine Ohren und auch die Ohren deiner Seeleute, damit der bezaubernde Gesang der Sirenen euch nicht den Verstand raubt. Wenn ihr euer Schiff unbeirrt an der Insel vorübersteuert, wird sich die Weissagung erfüllen. Die Vogelgestalten werden sich ins Wasser stürzen und für immer verschwinden.«
Odysseus befolgte Kirkes Rat. Aber er war sehr neugierig geworden und wollte den bezaubernden Gesang der Sirenen unbedingt hören.
Deshalb befahl er seinen Leuten: »Wir nähern uns der Insel der Sirenen.

Fesselt mich an den Schiffsmast. Bindet mich so fest wie möglich. Ich darf mich auf keinen Fall selbst befreien können. Dann verstopft eure Ohren mit dem Bienenwachs, das Kirke uns gegeben hat, und rudert an der Insel vorbei. Ihr werdet die Sirenen sehen. Sie werden kommen und singen. Doch ihr werdet ihren Gesang nicht hören. Er kann euch nicht gefährlich werden.«

»Und was ist mit dir?«, wollten seine Krieger wissen.

»Ich will ihrem betörenden Gesang lauschen. Deshalb müsst ihr mich fest an den Mast binden. Wenn ich gefesselt bin, kann ich den Sirenen nicht folgen.«

Die Mannschaft gehorchte. Odysseus wurde fest an den Mast gebunden, und alle verstopften ihre Ohren mit dem Wachs.

Dann ruderten sie weiter.

Die Insel der Sirenen kam immer näher. Auf einem Felsen konnten die Krieger drei wunderschöne Vogelgestalten erkennen. Ihre bunten Pfauenfedern leuchteten. Silbern schimmerten ihre Frauenköpfe. Die langen goldenen Haare strahlten in der Sonne.

Auf einmal erhoben sich die Vogelgestalten in die Luft. Sie flogen dem Schiff entgegen.

Bald schwebten sie direkt vor dem Bug.

Sie winkten Odysseus zu. Sie lockten ihn mit ihrem betörenden Gesang.

»Komm zu uns, Odysseus! Kommt zu uns, Männer! Leistet uns Gesellschaft. Wir werden die schönsten Lieder der Welt für euch singen. Kommt, folgt uns!«

Die Stimmen klangen berauschend. Ein Zauber ging von ihnen aus, der drang Odysseus bis ins Mark.

Verzaubert vergaß Odysseus alle Warnungen. Mit gewaltiger Stimme befahl er seinen Kriegern: »Steuert die Insel an!«
Zeus sei Dank – keiner seiner Leute konnte ihn hören, weil sie ihre Ohren mit Wachs verstopft hatten.
Erst als die Insel der Sirenen weit in der Ferne verschwunden war, nahmen die Krieger Odysseus die Fesseln ab. Er sank ihnen ohnmächtig entgegen.
Noch Tage und Nächte hörte Odysseus den Gesang der Sirenen. Der erlebte Zauber ging ihm sein ganzes Leben lang nicht mehr aus dem Kopf.

Später hat ein Künstler Odysseus' Schiff und die drei Sirenen auf einer Vase abgebildet. Diese Vase kann man heute in London im Britischen Museum bewundern.
Sie ist fünfhundert Jahre vor unserer Zeit datiert.

Fabelwesen und Helden

Zu der Zeit, als die griechischen Götter auf dem Olymp herrschten, lebten in den Weinbergen und in den grünen Wäldern Griechenlands ungewöhnliche Wesen, die es heute nicht mehr gibt: Fabelwesen, die eine Mischung aus Mensch und Tier waren.
Solche Fabelwesen waren die Kentauren. Sie hatten menschliche Köpfe und Hände, aber einen Pferdekörper. Sie konnten reden und arbeiten wie Menschen. Gleichzeitig galoppierten sie wie Pferde.
Die Kentauren waren meist wilde Gesellen. Die Menschen hatten Angst vor ihnen und mochten sie nicht besonders. Aber manchmal mussten sie ihre Dienste gegen Bezahlung in Anspruch nehmen. Zum Beispiel, wenn ein Reisender auf seinem Weg einen tiefen Fluss überqueren wollte und keine Brücke in der Nähe war. Dort am Ufer wartete oft ein Kentaur, mit dem der Reisende einen Preis aushandeln musste.
Nachdem sie sich einig geworden waren, setzte sich der Reisende auf den Rücken des Kentauren und wurde auf die andere Seite gebracht.
Es gab in der Antike einen sehr berühmten Kentaur. Er war Heilkundiger und beherrschte das ganze Wissen seiner Zeit. Er kannte alle möglichen Heilpflanzen, war klug und gütig, sehr geschickt und besonders mutig. Man erzählte sich, dass Zeus sein Vater war. Er hieß Chiron.

Könige und reiche Griechen wählten ihn als Lehrer und Erzieher für ihre Kinder. Chiron war der Lehrer des berühmten Helden Herakles. Er hat ihm sehr viel beigebracht.
Es gab noch andere Fabelwesen. In der Tiefe des kristallklaren Wassers der Flüsse und in den Gebirgsbächen lebten die schönen Nymphen – anmutige junge Frauen, die gern lachten und sangen.
Ihnen lauerten die übermütigen Satyrn auf – Wesen mit stark behaarten Menschenköpfen, lockigem Haar und zwei kleinen Hörnern auf der Stirn. Sie hatten einen menschlichen Oberkörper mit Armen und Händen, aber die starken Hinterbeine eines Ziegenbocks und einen langen Schwanz. Die Satyrn lebten in den Weinbergen. Meistens begleiteten sie Dionysos, den Gott des Weines, denn sie tranken gerne Wein. Sie konnten wunderschön Panflöte spielen. Darum nannte man sie auch Pan. Sie waren immer zu einem Spaß bereit, liefen hinter den Nymphen her und versuchten, sie zu küssen.
Nymphen, Kentauren und Satyrn waren muntere, aber friedliche Wesen. Doch es gab auch Ungeheuer, die die Menschen in Angst und Schrecken versetzten. Zum Beispiel mehrköpfige Riesenschlangen und Menschen fressende geflügelte Löwen.
Das Volk war den Ungeheuern hilflos ausgeliefert. Aber Zeus sei Dank lebten in jenen alten Zeiten auch Helden mit übermenschlichen Kräften, die die Ungeheur töteten.
Perseus war so ein Held. Er war der Mann, der Medusa tötete.
Die Medusa war ein fürchterliches Ungeheuer.
Jeder, der sie sah, versteinerte. Ihre Haare waren giftige Schlangen. Sie zischten in alle Richtungen.

Einmal trieb Medusa ihr Unwesen in Athen. Danach waren die Straßen der Stadt voller Marmorstatuen. Zuerst dachten die Athener, die Statuen seien Geschenke der Götter, bis sie merkten, dass es versteinerte Menschen waren.
»Pallas Athene, hilf uns!«, flehten die Menschen und brachten Opfer dar. Pallas Athene erhörte ihr Bitten. Sie befahl Perseus: »Töte Medusa! Ich führe dich zu ihr! Damit sie dich nicht sehen kann, gebe ich dir eine Kappe, die dich unsichtbar macht. Hier hast du ein Schwert und einen Schild. Nähere dich Medusa nur rückwärts, weil ihr Anblick jeden in Marmor verwandelt. Aber ihr Spiegelbild ist ungefährlich, darum beobachte sie in deinem Schild. Medusa darf nicht noch einmal nach Athen kommen und Angst und Tod verbreiten.«

Perseus bezwang und tötete Medusa. Dann schlug er ihr den Kopf ab und steckte ihn in einen Ledersack.
Medusas Haupt wurde Perseus' schrecklichste Waffe, weil der Kopf seinen Zauber behielt. Statt mit seinen Feinden zu kämpfen, zeigte Perseus ihnen Medusas Kopf, während er selbst zur Seite schaute. Sie alle versteinerten sofort zu Statuen.
Aus dieser Zeit stammen sehr viele schöne griechische Marmorstatuen. Die Museen auf der ganzen Welt sind noch heute voll davon.

Ein anderer Held dieser Zeit war Herakles, der stärkste Mann der Welt, den die Römer Herkules nannten. Er war so stark, dass er einmal sogar den Himmel auf seine Schultern nahm, damit der Titan Atlas, der Tag und Nacht den Himmel stützte, sich ausruhen konnte. Er bezwang selbst Zerberus, den fürchterlichen Höllenhund, der den Eingang zur Unterwelt bewachte.

Woher hatten diese Helden ihre ungeheuerlichen, übermenschlichen Kräfte?
Das kam nicht von ungefähr. Ihre Kraft war göttlichen Ursprungs.
Die Väter oder Mütter der Helden waren Götter. Zeus persönlich war der Vater von Perseus und Herakles. Achill, der große Held des Trojanischen Krieges, hatte die Göttin Thetis zur Mutter.
Es gab noch viele andere Götter, die Kinder mit irdischen Männern oder Frauen hatten. All diese Kinder waren Helden.

Zerberus, der Wachhund der Unterwelt

Gott Hades – sein Name bedeutet »der Unsichtbare« – herrschte über die Unterwelt. Er war ein Bruder des Hauptgottes Zeus.
Hades war ein grimmiger Gott, der nie lachte. Sein Reich war die Welt der toten Seelen. Es war eine Welt der Schatten.
Wenn ein Mensch starb, eilte seine Seele als unsichtbarer Schatten in die Unterwelt.
Der Eingang war eine Höhle. Über einen langen Fußweg gelangte die Seele zur Styx, dem göttlichen Fluss, der die Unterwelt umkreiste. Das Wasser gab ein blaues schimmerndes Licht wieder. Geräuschlos versammelten sich hier die Schatten der toten Seelen.
Dann steuerte der greise Fährmann Charon seinen Kahn zu ihnen herüber und ließ sie schweigend einsteigen. Aber jede Seele musste ihm eine goldene Münze für die Überfahrt bezahlen. Darum legten die alten Griechen jedem Toten eine goldene Münze in den Mund. Sie glaubten, die Seele müsse sonst ewig auf der Welt umherirren. Erst wenn Charon seine Münze erhalten hatte, fuhr er die Seelen über die Styx.
Am anderen Ufer befand sich der Eingang zu einem Tunnel. Dort lag der schreckliche Hüter der Unterwelt, ein dreiköpfiger Hund, der Zerberus hieß.

Zerberus war so groß wie ein Elefant. Sein Schwanz war ein lebendiger Drache. Aus seinen drei Mäulern tropfte giftiger Schleim. Tag und Nacht bewachte er den Eingang.
Zerberus ließ nur die Schatten der toten Seelen an sich vorbei in die Unterwelt gehen. Menschen durften nicht hinein.
Und kein Schatten durfte heraus.
Zerberus sah so schrecklich aus, dass jeder Lebende starb, sobald er ihn erblickte. Ein griechischer Höhlenforscher, der sich in dieser Höhle verirrt hatte, erstarrte bei seinem Anblick und wurde zu Stein.
Trotzdem gelang es manchmal Menschen, an Zerberus vorbei in die Unterwelt hinabzusteigen.
Der große Sänger Orpheus war einer von ihnen. Er wollte seine verstorbene Frau, die schöne Nymphe Eurydike, aus der Unterwelt herausholen. Orpheus besänftigte den schrecklichen Hund mit seinem göttlichen Gesang. Zerberus wedelte friedlich mit dem Schwanz und ließ Orpheus unbehelligt vorbeigehen.

Einmal musste Herakles, der stärkste Mann der Welt, mit Zerberus kämpfen.
Das kam so: Herakles musste einem König dienen. Das war Zeus' Wille. Er hatte zwölf Aufgaben zu erfüllen, damit er dessen Königreich erhielt. Natürlich wollte der König sein Königreich nicht verlieren und dachte sich immer schwierigere Aufgaben aus. Aber Herakles hat sie eine nach der anderen erfüllt.
Dann kam die zwölfte und letzte Aufgabe. Der König sagte: »Bring mir Zerberus, den Höllenhund!«

Der König wusste, dass alle Menschen aus Angst versteinerten, wenn sie Zerberus sahen.
Aber Herakles, der ein Sohn des Zeus war, kannte keine Angst und besaß übermenschliche Kräfte. Furchtlos ging er in die Höhle, die zur Unterwelt führte. Dort packte er Zerberus und verpasste jedem seiner drei Köpfe einen Maulkorb. Dann legte er Zerberus wie ein Lamm über die Schulter und brachte ihn zum König.
Unterwegs tropfte der giftige Speichel aus den drei Schnauzen des Hundes.
Aus diesen Tropfen erwuchs eine giftige Pflanze, die es bis heute gibt: der Eisenhut.
Der König kriegte schreckliche Angst, als er hörte, dass Herakles mit Zerberus in den Palast gekommen war.
»Weg damit!«, rief er und verkroch sich im hintersten Winkel des Schlosses. »Ich will den Höllenhund nicht sehen! Du hast deine Aufgabe erfüllt!«
Herakles war zufrieden und brachte Zerberus in die Unterwelt zurück.

Der Löwe mit dem eisernen Fell

Ein ungewöhnlich großer Löwe wütete auf der griechischen Halbinsel Peloponnes, in der Gegend von Nemea.
Er war sehr gefräßig und verschlang ganze Rinderherden.
Es dauerte nicht lange, da begann er, auch Menschen zu fressen. Sie schmeckten ihm viel besser. Und er brauchte sie nicht lange zu suchen. Er lief einfach in die Dörfer und holte sie aus ihren Hütten heraus. Angst und Schrecken verbreiteten sich.
Keiner traute sich mehr, nachts in einer gewöhnlichen Hütte zu schlafen. Aus Angst gingen die Menschen nicht einmal mehr zum Arbeiten auf die Felder. Sie begannen, sich Baumhäuser zu bauen. Von hoch oben warfen sie ihre Speere auf den Löwen und beschossen ihn mit giftigen Pfeilen. Doch alles war vergeblich. Sie schafften es nicht, ihn zu töten.

Weinende Frauen gingen zum König.
»Der nemeische Löwe frisst unsere Männer und Kinder! Keiner ist vor dieser Bestie sicher. Rette uns! Bitte schicke Soldaten und Jäger in unsere Dörfer, damit sie ihn töten!«
Die Jäger und die Soldaten kamen. Der Löwe blieb unverletzt. Er fraß sie alle auf.

Der König war verzweifelt. Er bat den starken Herakles zu sich.
»Rette mein Volk vor dem nemeischen Löwen! Ich gebe dir alles, was du willst!«
»Das erledige ich!«, sagte Herakles und zog los, um den Löwen zu erlegen.
Tagelang durchforschte er die Wälder des Peloponnes.
Endlich fand er das Ungeheuer. Es schlief unter einem Baum.
Der Löwe hatte gerade eine Kuh verspeist. Die Reste seiner Mahlzeit lagen noch überall verstreut herum.
Herakles pirschte sich an ihn heran. Er wollte einen seiner treffsicheren Pfeile genau in das Herz des Löwen schießen.
Er schoss!
Der Pfeil traf – und sprang zurück.
Herakles schoss noch einmal.
Wieder sprang der Pfeil zurück.
Der Löwe bewegte nur kurz seine Pranke im Schlaf, als wollte er eine lästige Fliege verscheuchen.
Erneut spannte Herakles seinen Bogen, so weit er nur konnte. Mit aller Kraft schoss er den dritten Pfeil.
Aber der Pfeil prallte wieder ab. Doch nun war der Löwe wach geworden. Mit fürchterlichem Gebrüll sprang er auf Herakles los.
Herakles schlug mit seinem Schwert zu. Doch selbst das Schwert, das Felsen spalten konnte, fügte dem Löwen nicht einmal einen Kratzer zu.
Jetzt begriff Herakles: Das Fell des Löwen war nicht verwundbar, es war eisenstark! Darum war es den königlichen Jägern nicht gelungen, die Bestie zu töten.

Also warf Herakles Schwert, Bogen und Köcher beiseite und stürzte sich mit bloßen Händen auf das Tier.
Er schlug ihm mit der Faust so fest auf den Kopf, dass der Löwe bewusstlos niederfiel. Dann warf sich Herakles auf das Scheusal und erwürgte es. Zum Schluss brach er ihm noch das Genick.
Endlich war die Bestie tot.
Zwei Hirten, die den Kampf beobachtet hatten, kamen angelaufen. Sie wollten Herakles helfen, dem Löwen das Fell abzuziehen.
Das Fell war jedoch so stark, dass ihre Messer abglitten. Sie bemühten sich stundenlang. Vergeblich!

»Wartet, Freunde. Ich glaube, ich weiß, wie wir diesem Löwen das Fell über die Ohren ziehen können«, sagte Herakles. »Wir versuchen es mit seinen eigenen Krallen.«
Herakles nahm eine Löwenpranke in die Hand, drückte die schrecklichen Krallen heraus und begann, mit ihnen das Fell aufzuschlitzen. Diesmal klappte es wirklich.
Als die Arbeit beendet war, legte sich Herakles das Löwenfell über die Schultern. Von nun an trug er es wie einen königlichen Umhang.
Alle bewunderten ihn, denn sie wussten: Das ist das Fell des nemeischen Löwen.
In diesem merkwürdigen Gewand wurde Herakles später von vielen Künstlern gemalt.
Wenn du in ein Museum mit alten Gemälden gehst, such nach einem Bild von Herakles. Du wirst ihn an dem Löwenfell erkennen.

Die Sphinx und ihr schreckliches Rätsel

Die Götter des Olymp passten sehr genau auf, dass die Menschen nichts Unrechtes taten. Die göttlichen Gesetze durfte niemand ungestraft verletzen.
Als Laios, der König von Theben, den Sohn des König Pelops von Pisa entführte und nach Theben brachte, war Göttin Hera, die Beschützerin der Familie, sehr erbost.
Als Strafe schickte sie ein Ungeheuer, die Sphinx, nach Theben.
Die Sphinx war eine riesengroße, geflügelte Löwin mit einem menschlichen Kopf und schrecklichen Krallen. Sie konnte reden, war aber meistens sehr schweigsam.
Die Sphinx ließ sich auf einem Felsen vor dem Tore der Stadt Theben nieder. Dort blieb sie wie versteinert sitzen.
Zuerst dachten die Leute, sie sei eine schöne Statue.
Aber sie wurden eines Besseren belehrt.
Wenn jemand an ihr vorüberging, wurde die Sphinx plötzlich lebendig. Sie erhob sich, breitete ihre Flügel aus und sagte mit mächtiger Stimme: »Warte, ich habe ein Rätsel für dich. Wenn du es erraten kannst, bist du gerettet. Dann werde ich sterben und versteinern. Wenn du es nicht errätst, werde ich dich fressen. Denn ich habe Hunger. Nun hör mir gut

zu. Es geht um dein Leben. Mein Rätsel lautet: Welches lebendige Wesen auf der Erde geht am Anfang seines Lebens auf vier Beinen, dann auf zwei Beinen und am Ende auf drei Beinen und ist doch am langsamsten, wenn es auf vier Beinen geht?«
Niemand konnte diese Frage beantworten.
So wurden immer mehr und mehr Menschen von der Sphinx gefressen.
Die Erde um den Felsen herum war von Blut getränkt.
Bald traute sich keiner mehr nach Theben. Keiner traute sich hinein und keiner heraus.
König Laios bereute seine Tat bitter. In einer tiefen, dunklen Nacht gelang es dem König, die Stadt unbemerkt zu verlassen. Er wollte nach Delphi fahren, um das berühmte delphische Orakel zu befragen, wie er sein Volk vor dem Ungeheuer retten konnte.
Unterwegs wurde er getötet und kehrte nie zurück.
Die Sphinx aber blieb.
Der neue König hieß Kreon. Er verkündete: »Der Mensch, der mein Volk vor der Sphinx rettet, soll mein Nachfolger sein. Ich gebe ihm mein Reich!«
Viele wollten König werden. Sie versuchten, das Rätsel der Sphinx zu lösen – und starben.
Bis endlich der junge Ödipus nach Theben kam.
»Ich werde dieses Rätsel lösen«, sagte er. »Zumindest werde ich es versuchen.«
Und wieder, wie hunderte Male zuvor, erhob sich die Sphinx. Sie breitete ihre Flügel aus und stellte mit mächtiger Stimme ihr berühmtes Rätsel: »Welches lebendige Wesen auf der Erde geht am Anfang seines

Lebens auf vier Beinen, später auf zwei Beinen und am Ende auf drei Beinen und ist doch am langsamsten, wenn es auf vier Beinen geht?«
Ödipus überlegte nicht lange: »Das ist der Mensch! Am Anfang seines Lebens krabbelt er auf Händen und Füßen. Später geht er aufrecht auf zwei Beinen. Am Ende seines Lebens braucht er einen Stock, um gehen zu können. Das ist sein drittes Bein.«
Nach dieser Antwort setzte sich die Sphinx und legte die Flügel an ihren Löwenkörper. Dann versteinerte sie.
Noch heute kann man die Sphinx in Ägypten neben den Pyramiden in der Wüste sitzen sehen.

Argos' hundert Augen

Es lebte in der Antike auf der Halbinsel Peloponnes ein Ungeheuer mit hundert Augen. Es hieß Argos.

Argos hatte überall Augen: auf dem Rücken, auf dem Bauch, auf dem Schwanz, an den Schultern, auf der Stirn. Auch auf seinen Pranken hatte er Augen. Sogar auf der Spitze seiner Nase saß ein großes Auge und schaute in alle Richtungen. Es waren schöne, leuchtende Augen – grüne, blaue, gelbe, silberne, eines schöner als das andere. Einige waren groß, andere klein.

Die Augen waren immer offen und in Bewegung, weil Argos sehr neugierig war. Er wollte nichts verpassen. Auch nachts schlief nur die Hälfte seiner Augen. Die andere Hälfte war wach.

Darum nannte man Argos auch Panoptes, was in der griechischen Sprache »Allesseher« heißt.

Einmal verliebte sich Gott Zeus unsterblich in eine junge Prinzessin. Sie hieß Io.

Gott Eros war, wie so oft, schuld an dieser plötzlichen Liebe.

Er wollte dem Hauptgott einen Streich spielen und schoss einen Liebespfeil auf ihn, als Zeus gerade die schöne Io beobachtete. Sie goss in dem königlichen Garten ihres Vaters die Blumen.

Getroffen von dem Pfeil der Liebe, konnte Zeus nicht anders, er musste sofort zu Io. Nicht eine Minute wollte er warten. Aber er hatte Angst vor seiner Frau, der eifersüchtigen Hera.
Was sollte er tun, damit Hera nichts bemerkte?
Er hüllte den Garten in dichten Nebel ein. Dann flog er zu Io.
Aber Hera war misstrauisch.
»Wo ist Zeus?«, fragte sie die anderen Götter. »Zeus, wo bist du?«
Zeus war auf dem Olymp nirgends zu finden.
Vergeblich rief sie noch einmal: »Zeus, wo bist du?«
Es kam keine Antwort.
Dann schaute sie auf die Erde hinab. Überall war es sonnig. Deshalb kam ihr der Nebel, der nur den königlichen Garten umhüllte, sehr verdächtig vor. War Zeus dort? Wollte er etwas verbergen?
»Ich schaue mal nach, was da los ist«, sagte sie.
Zeus ahnte plötzlich, dass Hera kommen würde. Um die Prinzessin Io zu schützen, verwandelte er sie schnell in eine prachtvolle Kuh.
In der nächsten Sekunde stand Hera neben ihm.
»Wo warst du? Was machst du hier?«, fragte sie.
»Nichts. Ich wollte nur ein bisschen auf der Erde spazieren gehen.«
»Was macht diese schöne Kuh hier?«
»Woher soll ich das wissen? Sie grast – siehst du das nicht?«
»Dann ist sie meine Kuh«, sagte Hera, »und ich werde jemanden schicken, der auf sie aufpasst.«
Sie rief Argos und befahl ihm: »Keiner darf sich dieser Kuh nähern. Kein Sterblicher und auch kein Gott. Selbst Zeus nicht! Ich werde jede Woche hierher kommen, um nach meiner Kuh zu schauen.«

So musste die schöne Prinzessin Io als Kuh weiterleben. Jede Woche kam Hera vorbei und betrachtete sie misstrauisch.
Das alles tat Zeus sehr Leid.
Es war aber unmöglich für ihn, die Prinzessin zurückzuverwandeln, ohne dass Argos es bemerkte. So beschloss Zeus schweren Herzens, dass Argos sterben müsse. Denn das unschuldige, treue Ungeheuer tat ihm ebenfalls Leid. Trotzdem rief er seinen Sohn Hermes zu sich und befahl: »Gehe und töte Argos!«
Das tat Hermes.
Jetzt konnte Zeus die prachtvolle Kuh endlich in einen Menschen zurückverwandeln.

Nach einer Woche kam Hera wieder in den Garten. Sie fand Argos tot mit offenen Augen.
Wütend flog sie auf den Olymp und überschüttete Zeus mit Fragen: »Was ist dort unten geschehen? Warum ist Argos tot? Wo ist die schöne Kuh? Wer hat meinen treuen Argos getötet?«
»Woher soll ich das wissen?«, fragte Zeus unschuldig.
»Du bist der einzige Gott, der alles weiß! Du bist der Alleswissende!«
»Nicht immer, meine Liebste, nicht immer!«
Dann umarmte er Hera und sagte versöhnlich: »Meine geliebte Frau, Argos ist tot, aber ich werde seine hundert Augen für dich und alle Menschen und Götter auf ewig bewahren. Ich werde einen Vogel erschaffen, der all diese leuchtenden Augen auf seinem Schweif trägt. Es wird ein wunderschöner Vogel sein – ein Vogel der Könige! Er wird dich trösten.«
Dann erschuf Zeus den Pfau.

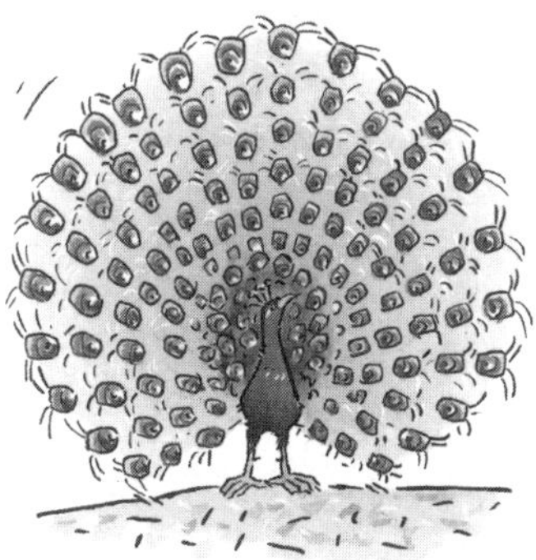

Dimiter Inkiow wurde 1932 in Haskovo, Südbulgarien, geboren. Er studierte Bergbauingenieurwesen, dann Theaterwissenschaften und machte ein Diplom als Regisseur. Er verfasste zahlreiche Bühnenstücke, bis er wegen einer Komödie Schreibverbot bekam. 1965 kam er nach Deutschland. Er hat über 100 Bücher veröffentlicht, die in 24 Sprachen übersetzt wurden. Seine Bücher aus der Serie »Ich und meine Schwester Klara« sind inzwischen moderne Klassiker. 1997 hat die Staatliche Hochschule für Theater und Filmkunst in Sofia Dimiter Inkiow die Ehrendoktorwürde verliehen. Er starb im September 2006.

Wilfried Gebhard, 1944 in Crailsheim geboren und in Stuttgart aufgewachsen, lebt heute im schwäbischen Maulbronn. Nach dem Grafikstudium in Stuttgart an der Grafischen Fachschule und der Staatlichen Akademie der bildenden Künste arbeitete er zunächst als Artdirector in einer Werbeagentur. Später kam er zum Cartoon und zur Illustration und arbeitete als Freelancer für nationale und internationale Werbeagenturen sowie fürs Fernsehen. Neben Veröffentlichungen in zahlreichen Magazinen und Zeitschriften erschienen 1989 die ersten Cartoonbücher, seit 1992 illustriert Wilfried Gebhard auch Kinderbücher.